Dieter Harhu

Jägerlatein ist nichts für Laien

agenda

Dieter Harhues

Jägerlatein ist nichts für Laien

Gereimtes und Ungereimtes zum Schmunzeln
– nicht nur für Jäger –

agenda Verlag
Münster
2019

Das Umschlagbild und die Bilder im Text stammen von dem bekannten Jagd- und Tiermaler Oswald Römer (1938 – 1998), der ein langjähriger Jagdfreund des Autors war.

Bibliografische Information der Deutschen Nationalbibliothek
Die Deutsche Nationalbibliothek verzeichnet diese Publikation in der Deutschen Nationalbibliografie; detaillierte bibliografische Daten sind im Internet über http://dnb.dnb.de abrufbar.

Drubbel 4, D-48143 Münster
Tel. +49-(0)251-799610
info@agenda.de, www.agenda.de

Druck und Bindung: TOTEM, Inowroclaw/PL

ISBN 978-3-89688-629-3

Inhalt

Vorwort **9**

Froh gejagt mit Nimrod Kurt **11**

Kurt der Nimrod 11
Kurts Hochsitzbau 13
Kurt im Frühling 15
Kurts Birkhahnjagd 17
Kurts Elchjagd 18
Kurts Auerhahnjagd 19
Kurts Hüttenfest 21
Kurts Onkel Franz 24
Kurt als Jagdausbilder 27
Kurts Waschbär 29
Kurt und der Herr Pastor 30
Beim Jägerball 32
Kurts Albtraum 34
Jagdhornmusik 36
Kurt und das Ballett 37
Kurt als Hochgebirgsjäger 38
Kurt im Darß 39
Hirschbrunft 41
Kanada 43
Kurt im Jenseits 45

Jägerlatein – ja oder nein? **47**

Der Airbag 47
Amtsanmaßung 50
Plötzlich war das Auto abgeschlossen 52
Das Wunder der Auferstehung 54

„Die Jäger sind verrückt!“ 57
Hasen in Eltrup 58
Ein nächtlicher Gast in der Hütte 61
Katzen 62
Der vermeintliche Jungfrauenschänder 68
„Auf der richtigen Seite?“ 70
Elisabeth will Einkünfte aus der Eigenjagd haben 71
Im falschen Treiben 82
Pfingstböcke 84
Bürokratie von da und dort 92
Hubertus und die Sache mit dem Drilling 95

Weiter geht’s gereimt und fröhlich 99

Der Blattschuss 99
Der alte Rehbock 100
Das Schüsseltreiben 100
Der Hase 102
Der Superhund 103
Diana 105
Hasenbraten 106
Fragen an St. Hubertus 107
Gar lustig ist die Jägerei 108
Jägerlatein ist nichts für Laien 109
Förster Franz 111
Gülle 113
Bleib im Wald, mein Füchslein rot 115
Halali 116
Treibjagd 116
Zufriedenheit 118
Hubertustag 118
Fasanenjagd 121
Zukunftsideen 122
Ostfriesenjäger Otto 123
Rabe und Fuchs 124

Schwieriger Fall	125
Der Jagdkönig	126
Verlorene Scheine	127
Beim Jäger Neureich	129
Der ministerielle Kronenzehner	133
Jungjäger Sepp	135
Sepps Knopfbockjagd	137
Jungjäger Sepps Schwarzwildjagd	138
Sepps Löwenjagd	140
Warnung vor Jungfrauen	141
Die besondere Trophäe	142
Hasenbuletten	146
Zeckenplage	147
Das verflixte Handy	148
Hahn in Ruh	152
Dianas Tochter	156
Pillen	159
Die Erstreiher	162
Die neue Kuh	164
Federweißer und Zwiebelkuchen	164
Kultur pur	166
Vatertag & Co.	168
Der geizige Jäger	170
Waffenkunde	172
Hunde im Revier	174
Zur Hühnerjagd im Hümmling	175
Vornehme Zurückhaltung	178
Des Jägers letzte Reise	180
Ich wollt' ich wär' ein Murmeltier	182
Warum?	183
Sepps letzte Fragen	184
Pilze (Schwammerln)	186
Weihnachtszeit mit Tradition	186
Staub	189

Mais, Mais, Mais! 189
Der kleine Jäger Gernegroß 193
Abendansitz 197
Jäger Johanns Nachtgebet 198
Am Himmelstor 200

Vorwort

Mit meinem Buch hat im Revier
So mancher Jäger sein Pläsier.
Da gibt's bei dem, was Jäger machen,
Oft was zu schmunzeln und zu lachen.

In manchem Text ist schnell entdeckt:
Nicht jeder Jäger ist perfekt!
Doch sieht man das dann mit Humor,
Kommt's einem nicht mehr tragisch vor.

Die Jäger trifft der Wind von vorn.
Und hilft da weder Bier noch Korn,
So tue ich Euch dazu kund:
Nur's Lachen bleibt da noch gesund.

Bei Politik kommt der Humor
Heut' leider nur noch selten vor.
Wer vorgibt, die Natur zu schützen,
Wird uns im Zweifel wenig nützen.

Und sieht man dazu noch die Taten
Von Brüssels „klugen" Bürokraten
– Was die zur Jagd hervorgebracht –
Hilft's nur noch, wenn man trotzdem lacht.

Kein Jäger will unfehlbar sein.
Das fiele ihm im Traum nicht ein!
Doch ihm sein Lachen noch zu gönnen,
Das sollte man verkraften können!

Froh gejagt mit Nimrod Kurt

Kurt der Nimrod

Ein echter Nimrod war der Kurt,
Wenn er mit dem Patronengurt,
Der Flinte und dem braven Hund
Zur Jagd ging in der Morgenstund'.

Im Rucksack war die Flasche Korn,
Und außen dran hing noch sein Horn.
Einst schoss der Kurt, was kaum zu glauben,
In rund zwei Stunden 17 Tauben.

Danach war's aus mit den Patronen.
Er musste 100 Tauben schonen.
So kam er früh ins Heim zurück,
Pries bei der Frau des Jagdtags Glück.

Doch eh' sein Weib ihm Achtung zollte,
Sagt es, dass er nun rupfen sollte.
Die Tauben wären nur willkommen
Von Federn frei und ausgenommen.

Er hatte das wohl nicht bedacht,
Was ihm die Frau nun klar gemacht,
Seit diesem Tag, ihr mögt es glauben,
Wollt' Kurt nicht mehr zur Jagd auf Tauben.

Am andern Tag fuhr er zur Pirsch
Zu jagen einen roten Hirsch.

Doch leider kam ein solches Tier
Wohl gar nicht vor in dem Revier.

Doch Kurt wollte nicht lange leiden.
Er gab sich andern Tags bescheiden
Und dennoch mit vergnügtem Sinn
Der Jagd auf seine Hasen hin.

Doch da er stets kam mit dem Wind,
Waren die alle fort geschwind.
Der Hund schaut Kurt verzweifelt an:
„Was bist du heut‘ für‘n Jägersmann?“

Diana, nörgelt Kurt sei Schuld.
Und fleht erneut um deren Huld.
Die Göttin hat ihn auch vergessen
Bei der Saujagd im Lande Hessen.

Seitdem schießt Kurt nun wieder Tauben.
Doch rupft er nicht, das könnt‘ ihr glauben.
Ein Einfall machte ihn recht froh:
Er schenkt die Tiere jetzt dem Zoo.

Kurts Fuchsjagd

Der Kurt erklomm die Leitersprossen
Zum Hochsitz und hat gleich geschossen
Auf einen Fuchs der draußen schnürte,
Jedoch Kurts Kugel gar nicht spürte.

Kurt konnt‘ sich kaum die Haare raufen,
Da kam gleich noch ein Fuchs gelaufen.
Doch auch das Tier nahm keinen Schaden,
Kurt hatte noch nicht nachgeladen.

Danach, fürwahr es ist kein Jux,
Wartet‘ Kurt auf den dritten Fuchs.
Doch wie soeben ich vernommen,
Ist der dann doch nicht mehr gekommen.

Kurts Hochsitzbau

Eichenschwarten, Fichtenstangen,
Und zwar die ganz graden langen,
Eine fast fertige Leiter
Und so weiter, und so weiter!

Alles hatte Kurt da liegen
Und konnt’s nicht zusammen kriegen.
Hochsitzbau geht nicht allein,
Darum lud er Helfer ein.

Jäger, die sonst bei ihm jagten
Und beim Biere lange tagten,
Waren nicht zur Tat bereit,
Hatten alle keine Zeit.

Es gab ja in diesen Tagen
Eigentlich recht nichts zu jagen,

Und die Arbeit im Revier
War fürwahr kein Jagdpläsier.

Darum kam von denen keiner.
Nur der alte Jagdfreund Heiner
Sagte: „Kurt, ich helfe dir.“
Und er kam gleich ins Revier.

Und an einem Wochenende
Waren beide sehr behände,
Bauten ohne Schnaps und Bier
Ihren Hochsitz im Revier.

Und sie fanden's wunderbar
Als die Kanzel fertig war.
Vor der Hütte auf der Bank
Gab's ein kühles Bier zum Dank.

Als die Bockjagd dann begann,
Meldeten sich alle an,
Die noch vor ganz kurzer Zeit
War'n zur Arbeit nicht bereit.

Kurt fand das fürwahr nicht fein,
Blieb zur Bockjagd ganz allein
Mit dem guten Freund, dem Heiner.
Eingeladen wurd' sonst keiner.

Kurt im Frühling

Der Hochsitz schützt ihn vor dem Regen,
Nichts rührt sich draußen auf den Wegen.
Weil keine lauten Menschen stören,
Kann Kurt hier der Natur zuhören.

Der Specht hämmert auf trocknem Ast,
Das klingt wie eine Trommel fast.
Er sendet seine Botschaft aus:
„Ich hab‘ noch keine Frau im Haus‘!“

Gar mancher Herr der Vogelwelt
Hat sich dem Spechte zugesellt.
Jedoch ruft er mit and’ren Tönen
Am Waldrand hier nach seiner Schönen.

Am Feldrand sieht Kurt eine Fähe.
Sie traut sich heut‘ in seine Nähe.
Instinkt, der sonst zur Vorsicht mahnt,
Wohl diesmal was von Schonzeit ahnt.

Ein Hase war vorhin noch da.
Ob er wohl auch die Fähe sah?
Dacht‘ er da: „Der ist nicht zu trauen!“
Und ist zur Vorsicht abgehauen?

Wie kann man nur so dämlich fragen?
Hört Kurt sich nun wohl selber sagen.
Der Hase hoppelt flink zum Rammeln
Dorthin, wo Häsinnen sich sammeln.

Und auch bei Kurt, dem Jagdbeständer,
Steht jetzt der Frühling im Kalender.
Dran denkend wird er plötzlich munter
Und steigt von seinem Hochsitz runter.

Er lässt den Hasen Hase sein.
Nicht gut ist's, dass der Mann allein.
Wenn sich der Frühling mächtig zeigt,
Wird 's Zeit, dass Kurt ins Auto steigt.

Daheim muss er wie'n Specht nicht klopfen,
Auch wartet da ein guter Tropfen
Nebst seinem angetrauten Weib
Auf schönen Frühlingszeitvertreib.

So denkt der Kurt und fährt nach Haus',
Doch da sieht es ganz anders aus.
Er wird vom Weibe nicht empfangen.
Das ist zur Nachbarin gegangen.

Beim Sherry dort die Damen klagen,
Dass selbst an schönsten Frühlingstagen
Die blöden Kerls statt nach den Frauen
Nur im Revier nach Viechern schauen.

Kurt kam zu früh aus dem Revier
Und tröstet sich mit Schnaps und Bier.
Als später ihn sein Weib anlacht,
Ist bei ihm Schluss mit Frühlings Macht.

Denn selbst im wunderschönen Lenz
Führt zu viel Suff zu Impotenz,
Und dann verzichtet gern Kurts Weib
Auf schönsten Frühlingszeitvertreib.

Kurts Birkhahnjagd

Die Birkhahnjagd im fernen Polen
Hatte man dem Kurt empfohlen.
Da die Jagd dort ziemlich billig,
Folgte Kurt dem Vorschlag willig.

Und in Polen angekommen
Hat der Kurt Quartier genommen
Dort am Wald im alten Haus
Bei dem Förster Stanislaus.

Noch bevor es ging zur Balz
Schlug Kurts Herz schon bis zum Hals,
Denn des Försters schönes Weib
Lockt‘ mit gut gebautem Leib.

Schon war es um Kurt geschehen!
Doch der Förster hat’s gesehen.
Und es warf der Stanislaus
Unsern Kurt zum Haus hinaus.

Kurt bekam 'nen Tritt zu spüren
Und kam trotz der Jagdgebühren,
Die er musste dort bezahlen
Ohne Hahn heim nach Westfalen.

Und er schimpft': „Bleibt mir mit Polen
Und der Birkhahnjagd gestohlen,
Wo bis kurz vorm Morgengrauen,
Balzen dreiste Försterfrauen!

Geht man denen auf den Leim,
Kehrt man ohne Birkhahn heim!"
Und Kurt will seit jenen Tagen
Niemals mehr in Polen jagen.

Kurts Elchjagd

Kurt war zur Elchjagd jüngst in Schweden,
Was wohl ersichtlich war für jeden.
Sein Dachträger vom Allradwagen
Ein Mordsgeweih jetzt durfte tragen.

„Der Elch, den ich mit Blattschuss schoss,
Der war so groß wie 'n Kaltblutross
Und wog 650 Pfund!"
Der Kurt tat's stolz den Leuten kund.

Der Jäger Fritz, der auch mit war,
Stellte den Fall ganz anders dar.

„Der Kurt“, sagt‘ er, „der hat’n Klaps!
Man gab ihm’s Elchgeweih für Schnaps!

Der Kurt hat keinen Elch getroffen
Und mit den Schweden nur gesoffen.
Die schenkten nach der Sauferei
Dem Jäger Kurt dann das Geweih!

Die Wahrheit schmeckt oft wirklich bitter.
Das Elchgeweih gab’s für drei Liter
Vom besten Korn im Lande Schweden.
Doch davon will der Kurt nicht reden!“

Kurts Auerhahnjagd

Kurt wollt‘, so ließ ich‘s mir sagen,
Einen Auerhahn einst jagen.
Die Trophäe selbst zu ernten
Fuhr er hoch hinauf nach Kärnten.

Abends, das tat Kurt stark stören,
Musste er den Hahn verhören.
Statt im Gasthof Bier zu trinken,
Sah man ihn den Berg hoch hinken.

Später trank er mit viel Gier
Enzian zu jedem Bier
Und kam morgens, ach o Graus,
Viel zu spät erst aus dem Haus‘.

Für den Tag war „Hahn in Ruh“.
Kurt sah neidisch Jägern zu,
Die am Berge hoch und steil
Früh schon hatten Waidmannsheil.

Er kam selbst dort nie zu Schuss‘,
Wie ich‘s euch gestehen muss,
Denn die Jagdzeit früh am Tage
Macht‘ ihm zu viel Müh‘ und Plage.

Drum, so hörte Kurt man reden,
Führe er im Herbst nach Schweden
Dort, so ließ er’s sich beschreiben,
Jagt man ’n Auerhahn im Treiben.

Damit kannte Kurt sich aus,
Treibjagden gab’s auch zu Haus‘.
Trotzdem sind in Schwedens Norden,
Diese sauer ihm geworden.

Doch er hat ’nen Hahn getroffen
Und ihn zünftig tot gesoffen
Mit dem Schnaps, den er bei Nacht
Heimlich hatt‘ ins Land gebracht.

Er wurd‘ nicht vom Zoll gegriffen
Und von Schweden nicht verpfiffen,
Die dem Kurt noch heute danken
Für das große „Gratis-Tanken“.

Und der Hahn, der präpariert
Jetzt bei Kurt die Wand verziert,
Hängt dem Schnapselch gegenüber.
Doch da schweigt Kurt gerne drüber.

(Siehe dazu auch „Kurts Elchjagd"!)

Kurts Hüttenfest

Als die Bockjagd war zu Ende,
Rieb sich Kurt vergnügt die Hände,
Alle Böcke war'n geschossen,
Wie im Abschussplan beschlossen.

Im Oktober gab's sodann
Gleich ein Fest für jeden Mann,
Der in diesem Jahre hier
War zur Bockjagd im Revier.

Und ein Jägersmann vom Rhein
Kam mit einem Fässchen Wein.
Jäger aus dem Münsterland
Brachten Korn, der dort gebrannt.

Bier kam noch dazu aus Bayern,
Und so konnt' man zünftig feiern.
Wobei, wie man auch noch hörte,
Keine Frau die Männer störte.

Danach sah es auch – o Graus –
Später an Kurts Hütte aus.
Was man dort sah nach dem Fest.
Gäbe jeder Frau den Rest.

In der Hütte – kreuz und quer –
Lagen Jäger nun umher,
Die doch in den Hüttenbetten
Besser wohl gelegen hätten.

Und in Kurts Geländewagen
Hatte man den Fritz getragen,
Denn der konnte nicht mehr gehen
Und vermutlich nicht mal stehen.

Andern Tags gab's einen Gecken,
Der um neun blies's Hohe Wecken,
Wonach manche ihn verfluchten
Und nach dem WC schnell suchten.

Nur der halbwegs wache Jochen
Ging daran Kaffee zu kochen,
Der dann gab der Morgenluft
Einen völlig neuen Duft.

Karl studierte Essensreste,
Die noch brauchbar nach dem Feste
Und dazu geeignet schienen
Nun als Frühstück auch zu dienen.

Nachmittags kamen die Frauen,
Um nach ihren Kerls zu schauen,
Die dort wie ein Bild von Jammer
Hockten in verqualmter Kammer.

Als die Männer sich erhoben,
– Mühsam kamen sie nach oben –
Riefen sie wie jedes Jahr,
Dass dies‘ Fest einmalig war.

Und Maria und Christine
Machten dazu gute Miene,
Wie auch alle and’ren Damen,
Die die Kerls zu sichten kamen.

Nur, was ich auch nicht verhehle
Kurts Frau Liesel gab Befehle,
Schnell die Hütte aufzuräumen
Und nicht’s Spülen zu versäumen. –

Als die Hütte wieder klar,
Schwört‘ jeder Jäger, nächstes Jahr,
Würd‘ man den Frau’n mehr Achtung zollen.
Doch das hatt‘ keine glauben wollen.

Auf Schwüre haben sie gepfiffen
Und ihre Männer sich gegriffen.
Sie hatten längst schon eingesehen:
Im nächsten Jahr wird’s auch so gehen.

Kurts Onkel Franz

Kurts Onkel, Franz von Knubbelstein,
Will jedes Jahr großmütig sein.
Er schenkt den Neffen und den Nichten
Zu Weihnachten schön grüne Fichten.

Doch die Beschenkten sind nicht froh,
Denn von Berlin und sonst noch wo
Müssen ins Sauerland sie reisen
Und ihre Dankbarkeit beweisen.

Bevor sie ihren Baum einpacken,
Sieht man den Onkel dort einsacken,
Was sie ihm als Geschenk mitbrachten,
Weil sie an ihre Zukunft dachten.

Denn sollt‘ der Gutsherr einmal sterben,
Wollen sie alle ihn beerben.
Wobei sie ganz inständig hoffen,
Dass er das Gut nicht hat versoffen.

Der Onkel, zäh wie Eichenholz,
Ist zwar ein alter Hagestolz,
Der viel Kontakt zu Frauen meidet,
Dafür an Durst nicht gerne leidet.

Und fährt er dennoch mal zum Puff,
Endet die Tour zumeist im Suff.
Rund hundert Wirte könnt‘ man nennen,
Die ihn als guten Kunden kennen.

Es hoffen darum seine Erben,
Er möge nicht in Armut sterben.
Denn für die Zukunft ist ihr Traum
Nicht unbedingt nur'n Weihnachtsbaum.

Nur Kurt hat damit nichts im Sinn.
Er fährt zu Onkel Franz nur hin,
Wenn es dort eine Drückjagd gibt,
Die er mehr als den Onkel liebt.

Man sieht dort niemals schöne Frauen,
Doch im Revier gibt's reichlich Sauen
Beim Onkel Franz von Knubbelstein.
Drum findet Kurt sich gern dort ein.

Kurt als Jagdausbilder

„Jägerkurse“, sagt Kurt gern,
„Sind für mich zu praxisfern!“
Bei Verwandten und Bekannten
Hilft er Jagdscheinaspiranten.

Theorie muss zwar auch sein,
Doch lädt Kurt zur Praxis ein.
Hochsitzbau ist eingeschlossen
Samt der sich'ren Leitersprossen.

„Fühlen soll man – nicht nur sehen
Wie die Hochsitze entstehen.“
Das ist hierbei Kurts Devise
Und die Schüler spüren diese.

Doch dass Kurt auf seine Art,
Arbeit sich und Kosten spart,
Hat noch niemand je gesagt,
Oder's einfach nicht gewagt?

Tät man solches, wär' man nämlich
Schlicht gesagt einfach nur dämlich.
Kurt lädt – so sollt's immer sein –
Nachher ja zur Jagd auch ein.

Man verwendet Zeit und Kraft,
Damit man die Prüfung schafft,
Denn danach in Kurts Revier
Hat man an der Jagd Pläsier.

Kurt hat auch – was man kaum macht –
Seinen Schülern beigebracht,
Was dem guten Jäger frommt,
Wenn ihm eine Not ankommt.

Tut's beim Ansitz mal pressieren,
Darf man niemals urinieren
Tief hinab – man müsst' sich schämen –
Und würd' all das Wild vergrämen.

Kurt hat für den Fall des Falls
Flaschen mit sehr weitem Hals
Auf der Kanzel deponiert.
Nur in die wird uriniert!

Kurt behauptet, dass auch Frauen
Sich an diese Lösung trauen.
Doch man hat ihn nie gebeten,
Den Beweis hier anzutreten.

All das – ich gesteh' es hier –
Lernt man nur in Kurts Revier.
Bei der Kursustheorie
Hört man solche Tipps wohl nie.

Will ein Mensch die Prüfung machen,
Hat sehr guten Grund zum Lachen
Der, bei dem im Kursusjahr
Kurt der Praxislehrer war.

Kurts Waschbär

Im Winter sieht man Kurt gern tragen
Den Loden mit dem Waschbärkragen.
Das Tier hat er einst selbst erlegt,
Ein Fakt, der ihn noch heut‘ bewegt.

Der Kurt war damals auf der Pirsch
Zu jagen einen guten Hirsch.
Sein Teckel, der sein ganzer Stolz,
Fuhr knurrend da ins Unterholz.

Der Waschbär war damals der Grund
Für diesen Angriff von Kurts Hund.
Das Pelztier sucht‘, man glaubt es kaum,
Sein Heil ganz flink auf einem Baum.

Kaum hat da Kurt das Tier gesehen,
War es um dieses schon geschehen.
Vergebens war hinauf die Flucht,
Hinab fiel’s wie ‘ne reife Frucht.

Kurt sprach: „So ist des Lebens Lauf.
Nicht immer nützt der Weg hinauf,
Denn manchmal kann, wer kam nach oben,
Sein Schicksal dort nicht lange loben!“

Kurt und der Herr Pastor

Der Kurt traf jüngst vorm Friedhofstor
In seinem Dorf den Herrn Pastor,
Traf ihn nicht tödlich – Gott sei Dank
Und schoss ihn auch nicht etwa krank.
Man traf sich, wie dies oft geschehen,
Und blieb dort auf ein Schwätzchen stehen.

Der Pastor fand das wunderbar
Und nahm gleich seine Chance wahr –
Hier konnte er es ja mal wagen –
Dem Jäger gradheraus zu sagen,
Dass er ihn in des Kirchturms Nähe
Und in der Messe selten sähe.

Der Kurt sprach: „Lieber Herr Pastor,
Nun leihen Sie mir mal Ihr Ohr.
Ich sag' es Ihnen ins Gesicht,
Ich bin kein großes Kirchenlicht,
Doch bin ich sonst in der Natur
Dem Herrgott ständig auf der Spur.

Die Kerls, die Sie am Sonntag sehen,
Die hinten stets im Turme stehen,
Haben mit Ihnen nichts im Sinn,
Die woll'n zum Frühschoppen nur hin.
Den Gottesdienst gibt's vorher auch,
Weil das im Dorf ein alter Brauch.

Wenn die dann wirklich einer fragt,
Was denn der Pfarrer hätt' gesagt,
So gucken diese Leute dumm
Und bleiben ob der Frage stumm.
Derweil bet' ich leis' im Revier:
‚Gott, für die Schöpfung dank' ich dir!'

Wenn dann die Kerls im Gasthaus sitzen,
Die Frauen in der Küche schwitzen
- Nach absolvierter Christenpflicht –
Schert sie der liebe Herrgott nicht.
Den Damen bleibt dann nur das Hoffen,
Dass ihre Kerls nicht zu besoffen!

Den Sonntag, wie er da so üblich,
Empfinde ich als sehr betrüblich,
Weil man gewöhnt ist zu lang' schon
An hergebrachte Tradition.
Der Sonntagskirchgang ist nur Schau.
Das wissen Sie doch ganz genau!"

Der Pfarrer ist nun nicht empört
Als er den Kurt hat angehört.
Er spricht: „Wär' meine Pflicht nicht hier,
Ging gern ich mit in Ihr Revier.
Doch kann ich's leider niemals wagen,
Das von der Kanzel laut zu sagen."

Beim Jägerball

Es hatte die Kreisjägerschaft
Zu dem Beschluss sich durchgerafft:
Wir machen doch in jedem Fall
Mal wieder einen Jägerball.

Geeignet war, wie jeder fand,
Dazu die Halle Münsterland,
Die and'ren Säle wär'n zu klein,
Ließ sich der Vorstand dazu ein.

Man musst' von Arnsberg bis nach Lingen
Zu Jägern diese Nachricht bringen:
„Der Jägerball wird dieses Jahr
Viel schöner als er jemals war!"

Die Botschaft ist auch angekommen,
Doch hat von Jägern man vernommen,
Es würden überall die Frauen
Nur noch nach Abendkleidern schauen.

Die Männer litten dadurch Qualen.
Sie mussten große Summen zahlen,
die für die Jagd nur war'n gedacht
Und nicht für eine Partynacht.

Kurt war mit Liesel besser dran.
Sie zög' das Abenddirndl an,
Sagt' sie, das Kleid aus Samt und Seide,
Um das sie manche Frau beneide.

Doch abends auf dem großen Ball,
Gab es nun Dirndl überall.
Doch was man dabei auch raus fand,
War, dass so 'n Kleid nicht jeder stand.

Es wogte manchmal da im Mieder
Kein schöner Busen auf und nieder.
Auch sah man da so manchen Schuh,
Der passte nicht so recht dazu.

Was bayrisch sich verkleidet hatt',
Sprach manchmal ein ganz breites Platt.
Da hätte eine Friesentracht
Fürwahr ein bess'res Bild gebracht.

Dem Kurt jedoch war's einerlei,
Er war mit Fleiß beim Tanz dabei,
Hat keine Ruhe sich geschenkt
Und Liesel durch den Saal geschwenkt.

Und bei der großen Tombola
gewann beim Hauptgewinn Kurt da
Den Bockabschuss – mit dem Los vier –
In seinem eigenen Revier.

Das hat doch manchen sehr gestört.
Man sprach von Fusch, rief: „Unerhört!“
Doch Kurt hat sich gar nicht verweigert,
Und hat sein Los sogleich versteigert.

Für ’n guten Zweck wurd‘ das gemacht,
Wobei sich Kurt ins Fäustchen lacht‘,
Weil’s Geld ging an den Damwildring,
In dem er selbst ganz dick drin hing.

So lohnte sich der Jägerball
Für ’n Jäger Kurt auf jeden Fall.
Es war ihm hier nur Glück beschieden,
Und auch die Liesel war zufrieden.

Kurts Albtraum

Ganz plötzlich schoss Kurt hoch im Bett,
Als wenn ihn was gestochen hätt‘.
Die Nachttischlampe fiel dabei
Zu Boden und ging laut entzwei.

Das machte nicht nur großen Krach
Sondern Kurts Frau auch sofort wach.
Die war darüber sehr empört,
Dass Kurt sie so im Schlaf gestört.

Doch Kurt rief: „Lass mich doch in Ruh‘!
Ich kann ja selber nichts dazu!
Ich rannt‘ im Traume ja soeben
Im höchsten Tempo um mein Leben.

Zehn Hirsche gingen auf mich los,
Und ich hatt’ meinen Sitzstock bloß.

Die Hirsche hatten auf dem Haupt
Gewehre ans Geweih geschraubt!

Und hinter ihnen haben Hasen
Ganz laut ‚Aufbruch zur Jagd!‘ geblasen.
Da drüber kreisten 100 Raben,
Die ‚greift den Kerl!‘ gerufen haben!“

Da sprach Kurts Frau: „Ich kann’s mir denken.
Du musstest dir ja ’n Bauch verrenken.
Das Eisbein lag dir schwer im Magen.
Das konntest du nie gut vertragen!

Und dazu noch die dumme Masche
Mit deinem Schnaps! Die halbe Flasche
Vom ostpreußischen Bärenfang
Quält dich natürlich stundenlang!

Nun leg dich hin und deck dich zu
Und lass vor allem mich in Ruh!
Willst du noch mal im Traum so rennen,
Geh bitte auf dem Sofa pennen!“

So wurd‘ in Kurts häuslicher Welt
Der Frieden wiederhergestellt.
Doch ob’s noch lange so gut geht,
Wohl doch nur in den Sternen steht.

Jagdhornmusik

Kurts Jagdhorn hing meist an der Wand,
Doch nahm‘s sein Enkel Franz zur Hand,
Um ihm mal Töne zu entlocken,
Dann blieb fürwahr kein Auge trocken.

Kurts Jagdhund ließ sich nicht mehr kraulen
Und fing erbärmlich an zu jaulen.
Die Fische im Aquarium,
Die litten sichtbar, wenn auch stumm.

Die Leute schlossen Tür und Fenster.
Im nahen Burgturm die Gespenster
Waren gebracht um ihre Ruh‘
Und hielten sich die Ohren zu.

Die Nachbarin hing Wäsche auf,
Doch nun floh sie in schnellstem Lauf,
Ließ einfach Wäsche Wäsche sein,
Denn ihre Ohren litten Pein.

Nur Opa, der nicht mehr gut hört‘,
Wurd‘ von dem Jagdhorn kaum gestört.
Er sagte: „Fränzchen, halt dich ran!
Auch ein Solist fängt ganz klein an!“

Doch da war es bei Kurt im Haus
Mit Jagdhornmusik plötzlich aus.
Franz, der „Solist“ noch nicht verstand,
Hing‘s Horn schnell wieder an die Wand.

Kurt und das Ballett

Der Kurt gewann jüngst ein Billett
Für ein erotisches Ballett.
Er ging vergnügt – und ohne Frau –
Am Abend zu der Fleischbeschau.

Was auf der Bühne da geschah
Und was zum ersten Mal er sah,
War für den Kurt, der sonst mehr scheu,
Ganz überwältigend und neu.

Er sprach zu Fritz, der auch mit war,
Es wäre doch wohl wunderbar,
Wenn sie so was aus den Balletten
Auch mal bei sich zu Hause hätten!

Doch Fritz hat Kurt nur ausgelacht
Und ihn gefragt, was er denn macht,
Wenn er an leck'res Essen denkt
Und's Mädchen nur die Beine schwenkt.

„Glaubst du denn, dass dir diese Puppe
Kocht Grünkohl oder Erbsensuppe
Wie deine Frau das täglich macht?"
Fragt Fritz, wobei er laut noch lacht.

„Und was machst du denn wohl im Bett
Mit so 'nem Häschen vom Ballett?
Willst du so eine engagieren,
Kannst du dich nur total blamieren!

Ich weiß für mich da ganz genau:
Ich bleibe brav bei meiner Frau.
Und Hausmannskost, sag' ich dir ehrlich,
Ist auch für uns nicht so gefährlich!

Schon lang' vorbei ist meine Jugend.
Und daher ist bei mir die Tugend
Zwar Angst vor zu viel Übermut,
Doch das tut meinem Kreislauf gut."

Kurt kann den Fritz durchaus verstehen
Und hat dabei wohl eingesehen,
Ballettmädchen bleiben ihm fern.
Die leben auf 'nem and'ren Stern.

Er träumt nur manchmal noch im Bett
Von heißen Mädchen beim Ballett.
Und seine Frau ist ganz pikiert,
Weil er plötzlich so stürmisch wird.

Kurt als Hochgebirgsjäger

Kurt lud man ein in ein Revier
Zur Jagd auf Gams und Murmeltier.
Doch er beguckte erst einmal
Sich den Großglockner aus dem Tal.

Er hätt' dort gerne noch gejagt,
Doch war er nun schon so betagt,

Dass er, wie man dazu erzählt',
Gern die bequemen Wege wählt'.

Drum fragt' er, wo die Seilbahn sei,
Damit er bei der Jagerei
Sich nicht noch selbst das Leben nähme,
Weil er ganz aus der Puste käme.

Da sagt' ein Jäger aus dem Ort,
Die Seilbahn führe nicht grad' dort,
Wo Kurt das Wild gern würde jagen.
Er müsst zu Fuß sich aufwärts wagen.

Als man dem Kurt das so berichtet,
Hat er gleich auf die Jagd verzichtet,
Schoss weder Gams noch Murmeltier
Und blieb im Tal bei Schnaps und Bier.

Kurt im Darß

Obwohl er schon in manchem Jahr
Zur Hirschbrunft zum Verhören war,
Kurt jüngst auch mal im Darß einkehrte
Auf Ferdinand von Raesfelds Fährte.

Dass er verwandt mit dem Westfalen,
Davon wagt' Kurt nun nicht zu prahlen.
Er reihte sich ganz schlicht und klein
Dort bei den Darßbesuchern ein.

Was er geboten dort bekam,
War mehr als er sonst je vernahm.
Auch hatte er noch nie erlebt,
Dass bei der Brunft die Erde bebt.

Den Eindruck hätt‘ er da bekommen,
Hat später man von ihm vernommen.
Auch hätt‘ an Rotwild dieser Pracht
Er vorher nicht im Traum gedacht.

Beim Abschied sagte Kurt sodann
Zum Förster: „Höre, lieber Mann,
Nach dieser Brunft fällt jäh mir ein,
Ich möchte selbst ein Hirsch nie sein!

Der Kampf – auch noch mit Publikum –
Der brächte mich beizeiten um.
Ich käm‘ gar bald in große Not
Und wär‘ am dritten Tag schon tot.

Da bin ich ehrlich doch und bleibe
Freiwillig gern bei meinem Weibe
Und widme dort mich nur der Brunft,
Die üblich ist in unsrer Zunft.

Denn sonst käm‘ ich nach kurzer Zeit
Schon mächtig in Verlegenheit.
Ich bleibe ehrlich und bescheiden.
Als Hirsch müsst‘ ich zu viel erleiden.

Der Jäger, der das anders glaubt,
Dem hat man den Verstand geraubt.
Der würde dort nie Ruhm erwerben
Und ganz gering als Fallwild sterben!“

Hirschbrunft

Wenn im Herbst die Hirsche röhren,
Würd’s den Jäger mächtig stören,
So er, falls er zeugen wollte,
Vorher auch so laut sein sollte.

Kanada

Weil Fritz zur Jagd da schon mal war,
Nervt er den Kurt nun schon ein Jahr,
Er solle es doch auch mal wagen,
Mit ihm in Kanada zu jagen.

„Ganz leicht“, erzählt Fritz immerzu,
„Erlegst du dort den Karibu.
Und hättest du dazu den Mut,
Wär‘ auch die Bärenjagd dort gut.

Gewaltig spannend ist die Pirsch
Dort auch auf den Wapitihirsch.
Und hast du es bequemer lieber,
Dann jagst du einfach nur den Biber.“

Der Kurt hört sich das ständig an,
Doch dann sagt er: „Mein lieber Mann,
Ich habe vor dem langen Flug
Nach Kanada schon Angst genug.

Sitz ich da ruhig immerdar,
Sind meine Venen in Gefahr.
Ich kann dort auf und ab nicht laufen
Und auch nicht ständig Whisky saufen.

Zwar blieb vielleicht dann dünn mein Blut,
Doch meiner Leber tät’s nicht gut.
Und wenn ich Venenstrümpfe trage,
Dann werden die auch bald zur Plage.

Und wäre ich, mal angenommen,
In Kanada dann angekommen.
Müsst' ich mit kleinen Kisten fliegen,
Die mir nun überhaupt nicht liegen.

Und was, um alles in der Welt,
Soll ich dann dort in einem Zelt,
Das jeder Grizzly mit 'nem Hieb
Weit mehr zerfetzt als mir wär' lieb.

Und auch am Wasser dort den Biber,
Den sähe ich lebendig lieber.
Lass mich doch mit dem Karibu
Allmählich auch einmal in Ruh'!

Und statt Wapitis auf der Pirsch
Schieß' ich in Bayern meinen Hirsch,
Weil ich von dem's Geweih sodann
Auch selbst nach Hause bringen kann.

Flieg' du mit Büchse und mit Zelt,
Von mir aus in die weite Welt.
Ich bleib' nur noch hier im Revier
Bei deutschem Wild – und deutschem Bier!"

Kurt im Jenseits

Es kann da keine Zweifel geben,
Begrenzt ist auch ein Jägerleben.
Und Kurt besah – wenn auch im Traum –
Sich schon einmal den Himmelsraum.

Da kam ihm nun das Himmelstor
Vergleichsweise bescheiden vor.
Und Petrus war da nicht zu sehen.
Kurt sah zwei Cherubs dort nur stehen.

Als Kurt kam, haben die gepfiffen.
Darauf hat ihn ein Hund gegriffen.
Der knurrte: „Komm mal her du Neuer,
Ich bringe dich ins Fegefeuer.

Als Kurt dann dort war angekommen,
Wurd‘ er vom Rehbock übernommen,
Und der hat da gleich angefangen
Zu stechen ihn mit spitzen Stangen.

Der Kurt schrie laut gleich wie am Spieße,
Damit der Bock mal von ihm ließe.
Doch der stach Kurt nur immerdar
Bis dass er endlich müde war.

Ein Keiler als Ablösung kam
Und unsern Kurt nun übernahm.
Der gönnt‘ dem Jäger keine Ruh‘
Und schlug mit seinen Hauern zu.

Das Blut färbte den Boden rot
Und Kurt wünscht‘ sich gar sehr den Tod.
Doch konnt‘ da oben das nichts werden.
Gestorben war er schon auf Erden.

Der Jäger war nicht zu beneiden,
So wie er dort nun musste leiden.
Doch war vorbei – wie's Kurt erfahren –
Die Pein nach rund zweitausend Jahren.

Als diese Zeit ihr Ende nahm,
Kurt in den Jägerhimmel kam.
Doch da lag er – er fand's nicht nett –
Ganz plötzlich wieder wach im Bett.

Zu schauen gab's nicht Zeit genug,
Der Traum macht‘ unsern Kurt nicht klug.
Doch blieb‘ er oben, könnt‘ mitnichten
Vom Jägerhimmel er berichten.

Drum müssen alle Jäger warten
Bis sie ins Jenseits selber starten.
Dann nehmen sie's in Augenschein.
Doch das muss ja zu bald nicht sein!

***

Jägerlatein – ja oder nein?

Der Airbag

Es ist ja nun schon eine längere Zeit her, dass in die Autos die ersten Airbags eingebaut wurden. Heute sind diese potenziellen Lebensretter selbstverständlich, aber damals als ich das erfahren habe, was sich bei einem Kaffeekränzchen im Hause meiner Cousine Helga zugetragen hat, war der Airbag die technische Neuheit an sich. Das besagte Kaffeekränzchen sollte, wie gesagt nun stattfinden, und bei Helga lief auch schon die Kaffeemaschine auf vollen Touren, wenn man das so sagen darf, während man an die Autotechnik denkt. Denn mit dieser Technik war Helga beschäftigt. Sie hatte einige Autoprospekte vor sich auf dem Tisch liegen, die ihr Sohn Helmut sich besorgt hatte.

Darüber war nun Elsbeth, die als erste zum Kränzchen erschien, äußerst erstaunt.

„Wollt Ihr Euch etwa schon wieder ein neues Auto kaufen? Euer Wagen ist doch erst zwei Jahre alt!“ fragte sie auch gleich, aber Helga konnte sie beruhigen: „Unser Helmut hat ja nun sein Examen und eine Stelle in Wa-rendorf. da braucht er ein Auto. Aber ich gucke nur in die Prospekte wegen diesem neuen Airbag.“

„Was ist das denn? Ich habe keine Ahnung von dieser ganzen Technik im Auto. Für mich ist die Hauptsache, dass das Ding läuft, wenn ich den Schlüssel umdrehe. Aber von einem Airbag habe ich noch nie was gehört!“ war von Elsbeth zu hören, und nun versuchte Helga, ihrer Freundin die neue Technik zu erklären, aber inzwischen war auch Margot eingetroffen.

Sie hatte sich auch über die Autoprospekte gewundert, so dass Helga nun gleich zwei Zuhörerinnen für ihren Erklärungsversuch hatte.

„Der Airbag ist ein Luftbeutel, der im Lenkrad sitzt", fing sie an, wurde aber gleich von ihren Freundinnen unterbrochen.

„Luftbeutel? Windbeutel, die kenne ich wohl, die gibt es beim Bäcker und auch unter den Mannsleuten! Aber Luftbeutel?" rief Elsbeth gleich, und Margot warf ein: „Wie soll denn ein Beutel mit Luft in das Lenkrad passen? Glaubst Du etwa an solch einen Quatsch?"

Helga versuchte die Gemüter zu beruhigen: „Nun regt Euch mal nicht auf! Ich weiß doch auch nur, dass die Luft in den Beutel erst hereinkommt, wenn etwas passiert, also ein Unfall!"

Elsbeth war noch nicht zufrieden. „So ein Unfall, das ist doch eine Sache von Sekunden! Und dann soll da so ein Luftkissen sofort vor dem Fahrer sein, damit dem nichts passiert? Und was ist mit dem Beifahrer daneben?"

Helga war auch keine Technikerin, wusste aber dennoch, was ihr selbst auch an der Sache nicht gefiel. „Da bin ich auch sauer drüber, dass da beim Beifahrer kein Airbag ist in den meisten Autos. Das heißt doch, dass die Frauen, die da neben den fahrenden Männern sitzen, für die Autoindustrie keine Rolle spielen! Und wenn die Kerle ihre Frauen dann mal loswerden wollen, dann setzen sie den Wagen vor den Baum. Die verdammten Kerle steigen dann putzmunter aus und freuen sich auf ihr neues Junggesellendasein!" Margot dachte nun gleich weiter: „Aber nachts, wenn wir nach einer Feier unsere besoffenen Kerle abholen müssen, dann hätten wir ja mal diesen Airbag, also diese Schutzvorrichtung vor uns und könnten ..." Margot wurde unterbrochen, weil nun auch Erika zum Kaffeenachmittag erschienen war. Sie war ganz in schwarz gekleidet, weil ihr Mann kürzlich verstorben war. Dessen ungeachtet begrüßte Helga sie gleich mit: „Das muss ich ja sagen, schwarz steht Dir ausgesprochen gut!"

Und nachdem endlich die Freundinnen alle am Kaffeetisch saßen, wollte nun Helga auch noch genau wissen, wie Erikas Mann ums Leben gekommen war, denn dass Erika nun eine völlig in ihrer Trauer versunkene Witwe war, daran glaubte keine der Freundinnen. Erika erzählte völlig unbefangen: „Mein Hubert war im Emsland zur Hühnerjagd eingeladen, und da habe ich ihn morgens hingebracht. Und dann musste ich ihn abends da wieder abholen, weil die Jäger nach ihrer Jagd ja immer noch saufen müssen. Die sagen allerdings Schüsseltreiben dazu, aber da gibt es dann zehnmal soviel Schnaps- und Biergläser wie Schüsseln. Na ja, das wisst Ihr ja auch. Aber mein Hubert hatte auch noch gesagt, wenn ich die Strecken führe, lernte ich auch unser neues Auto besser kennen. Und er brauchte ja auch um den Luxuswagen keine Sorgen zu haben, weil der ja vollkasko versichert wäre."

Margot wollte es ab er genauer wissen und fragte: „Dann war das also doch kein richtiger Jagdunfall mit Deinem Hubert?"
„Nein, natürlich nicht", fuhr Erika in ihrem Bericht fort, „man könnte es vielleicht einen Nachjagdunfall nennen, weil es ja auf dieser Rückfahrt von der Hühnerjagd passiert ist. Da lief mir bei Rheine dieser dämliche Hase vors Auto und ich wollte dem schnell ausweichen, und schon hat es gekracht!"

Helga wollte nun ins Detail gehen und fragte: „Und Euer neues Auto hatte auch schon so einen Airbag und zwar nur auf der Fahrerseite, wo Du ja nun in der Nacht gesessen hast?" „Na klar! Sonst wäre ich meinen Alten, äh, ich wollte sagen, sonst wäre der schreckliche Unfall ja gar nicht passiert!" rief Erika schnell, aber

Helga war mit ihrer Fragerei noch nicht fertig und wollte wissen, was denn die Polizei bei dem Unfall gesagt hätte. Es hieße doch immer, dass man kleinen Tieren nicht ausweichen sollte.

„Du hättest doch eigentlich den Hasen totfahren müssen, damit Euch nichts passierte!“ schloss Helga ihre Betrachtung. Aber da hatte Erika eine plausible Erklärung: „Das haben die Polizisten auch gemeint. Aber da habe ich denen gleich mal das Jagdrecht um die Ohren gehauen, das man ja als Jägersfrau in all den Jahren auch fast schon auswendig gelernt hat!“ „Und was hast Du nun genau gesagt?“ fiel Margot Erika ins Wort, und Erika konnte nun endlich ihre Ausführungen beschließen mit: „Den Polizisten habe ich deutlich gesagt, dass wir ja September hätten. Und im September haben die Hasen noch Schonzeit. Und Schonzeit bleibt nun mal Schonzeit!“

Amtsanmaßung

Als ich noch ein so genannter Jungjäger war, hatte ich in Münster einen Nachhilfeschüler, den ich im Fach Englisch von einer „fünf“ auf mindestens eine „vier“ bringen sollte. Der Vater des Pennälers war Jäger und hatte ein Revier in einem Dorf nahe bei Münster, wo ein Jagdaufseher zwar nicht unbedingt notwendig aber von Nutzen sein konnte, denn der Jäger und Polizist, der sich da um die Fallen und andere Revierarbeiten kümmerte, hatte schon ein sehr großes Revier in der Nähe zu betreuen und wäre hier ganz gern von seinen Pflichten entbunden gewesen.
Ich übernahm also diesen Posten, denn auf die Art und Weise kam ich an eine gute Jagdgelegenheit, und die notwendige Zeit ließ sich dafür sicher wohl finden.

Als ich nun eines Abends noch ganz im grünen Habit mit dem Fahrrad zu meinem „Jagdchef“ fuhr, sah ich in der Nähe der Kanalbrücke am „Guten Hirten“ einen Mann, der in der Dämmerung allerlei Unrat aus seinem Auto holte, um ihn unten in ein kleines Wäldchen zu bringen, wo schon eine kleine wilde Müllkippe entstanden war.

Hauptsächlich hatte der Autobesitzer wohl vor, nicht mehr brauchbares Gerät von seinen Kindern hier zu entsorgen, denn da sah ich ein kleines Dreirad, einen Roller und einen ziemlich demolierten Puppenwagen.

Nun wusste ich aus Erfahrung, dass der normale Mitbürger meistens einen Jäger und Förster nicht von einander unterscheiden kann, wenn er jemanden in entsprechender grüner Kleidung sieht, so dass ich rief: „Hören Sie mal, mein lieber Mann, was Sie hier machen, kostet Sie eine ganz schön große Ordnungsstrafe, wenn Sie nicht alles schnell wieder einpacken.

Ich stieg auch vom Rad, ging zum Auto und tat so, als ob ich mir die Nummer des Kennzeichens aufschreiben würde, als der Besitzer des großen Kombis die Böschung hinaufkam. In Wahrheit hatte ich weder Zettel noch Kugelschreiber bei mir, aber man kann da ja leicht etwas schauspielern.

Als der Untäter nun wieder am Auto erschien, baute ich mich vor ihm auf wie ein Mensch, der amtliche Gewalt besitzt und sagte: “Wenn Sie nicht sofort wieder in ihr Auto packen, was Sie hier gerade widerrechtlich abgeladen haben, wird das teuer. Sie müssen so etwas ja nun nicht gerade dann tun, wenn der zuständige städtische Revierförster hier noch unterwegs ist.“

Der Übeltäter wollte mir zwar noch erklären, dass hier doch alle etwas hinbrächten und das das sicher irgendwann bei der Sperrmüllabfuhr abtransportiert würde.

Das half ihm natürlich nichts. Ich befahl ihm energisch, alles ins Auto zu packen und dann schnell zu verschwinden, da ich sonst eine Anzeige schreiben müsste. Wie teuer so etwas würde, könne er sich ja denken. Mit den Gebühren zum Beispiel für falsches Parken einschließlich des Abschleppens seines Wagens wäre es da nicht getan. Seit die Grünen ihren Einfluss in der Politik geltend machten, wären die Gebühren drastisch gestiegen. Als ich dann auf paar Gegenstände hinwies, die er auch noch mitnehmen müsse, wurden seine Proteste deutlicher: „Das ist nicht von mir! Das liegt da schon länger! Das kann man ja auch deutlich sehen!“

Gleich will er bei dir vielleicht sogar noch einen Dienstausweis sehen, dachte ich nun zwar auch, aber ich blieb hart. Ich hatte mich schon so schön an meine Amtsanmaßung gewöhnt.

Sein Auto war groß genug, und die wilde Müllkippe war bald ganz verschwunden, aber leider nur vorübergehend, wie sich später herausstellte.

Dieser Mann würde aber sicher nie wieder etwas Unrechtes in diesem Bereich tun, war ich mir sicher und fuhr weiter zu meinem „Jagdchef“, der mich zu einem guten Cognac einlud, als er den Grund meiner Verspätung erfahren hatte.

Plötzlich war das Auto abgeschlossen

Bonko war ein Kleiner Münsterländer, und diese Jagdhunde wollen viel bewegt werden. Das wusste natürlich auch Hugo, Bonkos Herr, der aus einer münsterschen Bauernschaft stammte. Da er dort jeden Weg kannte, noch viele gute Freunde hatte und von verschiedenen Jägern im Herbst und Winter zur Jagd eingeladen wurde, verschaffte er da sich selbst und seinem Hund den notwendigen Auslauf. Gelegentlich fuhr Hugo samt Hund mit dem Fahrrad hinaus in die Bauerschaft, aber am Tage, von dem hier die Rede sein soll, war er mit dem Auto unterwegs.

Schon vor dem ersten Bauernhof musste er anhalten, weil er da einen guten Freund sah, der zu den Eigenjagdbesitzern zählte und der daher für ihn besonders wichtig war.

Gegen seine Gewohnheit ließ Hugo nun seinen Bonko im Wagen zurück, was dem jedoch überhaupt nicht gefiel. Er blieb nicht vor dem Beifahrersitz liegen, sondern sprang heftig bellend im Auto umher. Dabei geriet eine seiner Pfoten irgendwie auf einen Schalter, der das Auto verschloss.

Hugo konnte gerade noch die Blinker kurz aufleuchten sehen, als ihm auch schon bewusst wurde, dass er den Schlüssel hatte stecken lassen. Die diesbezüglichen Warngeräusche hatte er ignoriert, weil die ja nicht mehr zu hören waren, als der die Autotür wieder geschlossen hatte.

Nun blieb ihm nichts Anderes übrig, als seine Tochter anzurufen, die einen Schlüssel für sein Haus hatte und wusste, wo dort der zweite Autoschlüssel zu finden war. Aber auch das Handy lag im Auto. Da musste Hugo mit seinem alten Freund in dessen Haus gehen um zu telefonieren.

Doch als Bonko nun bemerkte, wie sich sein Herr noch weiter vom Auto entfernte, ohne ihn wie gewöhnlich mit zu nehmen, sprang er mit wütendem Gebell wieder im Auto umher und kam dabei erneut an den Schalter, der die Autotür abgesperrt hatte. Dadurch wurde das Auto wieder geöffnet, aber der Besitzer konnte die erneuten Blinkzeichen schon nicht mehr sehen. Er war schon im Bauernhaus verschwunden.

Als dann Hugos Tochter angefahren kam, war die natürlich nicht sehr amüsiert und ließ ihren Vater erst einmal wissen, dass man grundsätzlich nie beim Verlassen eines Autos den Zündschlüssel stecken lässt. Und wenn dann noch ein Hund im Auto zurückbliebe, der in der Lage wäre, das Auto von innen zu verschließen, wäre so ein Akt völlig blöd. Im Übrigen wäre das ein völlig dämliches Auto, das so eine Fehlkonstruktion von Autoschlössern und den zu gehörigen Schaltern hätte. Und letztendlich wäre das nun das letzte Mal, dass Sie ihrem Vater den Reserveschlüssel geholt hätte, denn bei ihr im Hause säße nun eine Freundin allein beim Kaffee.

Dann ging ein erneutes Donnerwetter von Hugos Tochter los, als sie an das Auto ging und feststellte, dass es gar nicht abgeschlossen war. Der Kleine Münsterländer Bonko, der nun die Tochter seines Herrn stürmisch begrüßte, konnte den Sachverhalt nicht erklären, und Hugo musste sich die Bemerkung anhören: „Hoffentlich bist Du nicht schon total verkalkt und siehst schon verschlossene Autotüren, wo keine sind!“

Der einzige, der nun jedoch wieder gut drauf war, wie man so sagt, war der Hund, der endlich seinen gewohnten Auslauf erhielt und sogleich damit begann, an etlichen Bäumen sein Revier zu markieren.

Das Wunder der Auferstehung

Diese Begebenheit ist nicht der österlichen Zeit zu zuordnen und beileibe kein Jägerlatein, denn alle Beteiligten schwören, es sei so die reine Wahrheit und nichts als die Wahrheit.

Wie man in eingeweihten Kreisen weiß, wohnt Erich Dax in einem münsterländischen Dorf. Und dort gibt es noch die sprichwörtlich gute Nachbarschaft, in der man Freud und Leid teilt, gern miteinander feiert und wo Bemerkenswertes schnell die Runde macht.

Trotzdem ist auch im besagten Dorf die Tierhaltung nicht immer problemlos. Und hier ist nun Erichs raubzeugscharfe Drahthaarhündin Inka zu erwähnen. Sie ist ansonsten absolut lieb sowie sehr verschmust und lässt sich von kleinen Kindern alles gefallen.

Aber Inka macht auch gern mal Ausflüge in die Nachbargärten und von einem solchen apportierte sie Erich eines Tages ein Stallkaninchen, das allerdings sehr ramponiert aussah, was wahrscheinlich nicht die Hündin verschuldet hatte, denn Inka knautschte ihre sogenannten Opfer nicht. Aber Inkas Beutetier war nun da und guter Rat teuer.

Erich befürchtete sogleich nachbarschaftliche Komplikationen wegen seiner Jagdhündin und überlegte eifrigst, was nun wohl zu tun sei.

Gegen Abend schien die Lösung gefunden zu sein.

Erich wusch das Kaninchen unter warmen Wasser ab, was natürlich in der Waschküche geschah, denn solche Späße hätte auch Elisabeth, Erichs Ehefrau, in ihrer Küche kaum geduldet, obwohl sie wie viele Jägersfrauen doch schon einiges gewohnt war, was man vielleicht so gerade noch zum jagdlichen Brauchtum hätte einordnen können.

Das gewaschene Stallkaninchen wurde nun sorgfältig gefönt und als es dunkel geworden war, pirschte sich Erich an den nachbarlichen Kaninchenstall heran und legte das tote Tier in eine leere Box, die mit Stroh versorgt war.

Am anderen Morgen stand der Nachbar bei Erich vor der Tür und unserem Jäger war gar nicht sehr wohl in seiner Haut, obwohl der Besucher nicht gerade böse aussah.

Die beiden Männer gingen ins Wohnzimmer, wo Erich sicherheitshalber schnell einen guten Schnaps auftischte.

„Den kann ich gut gebrauchen“, sagte der Kaninchenbesitzer, „denn ich muss Dir was erzählen! – Prost, Erich! – Das glaubst Du nicht, aber es ist doch wahr! Gestern habe ich meinen guten alten Rammler, der an Altersschwäche und nach der Zeugung von unendlich vielen guten Rassekaninchen sozusagen das Zeitliche gesegnet hatte, hinten bei uns im Garten vergraben. – Gib mir schnell noch'n Schnaps! – Und wie ich heute morgen meine Kaninchen füttern will, da sehe ich doch tatsächlich den Karnickelbock wieder in seinem Stall. Ich glaubte schon, ich wär wohl am Gespenster sehen! – Prost, Erich! – Aber so ganz hatte das mit dem Wunder wohl doch nicht geklappt, denn wieder lebendig geworden war der Rammler nun leider doch nicht!“

Erich täuschte großes Erstaunen vor, goss schnell noch einen Schnaps ein, was er ganz langsam tat, denn er brauchte Zeit. Er wusste nicht so recht, was er nun sagen sollte.

Sicherheitshalber nahm er sich schnell das unverfängliche Thema Wetter vor, erzählte dann Neuigkeiten aus der Jagd, und die Zahl der von den beiden Männern konsumierten Schnäpse erreichte schon eine beträchtliche Höhe. Und der Schnaps macht ja bekanntlich die Männer mutig, zuweilen sogar übermütig.

Schließlich kam Erich dann doch mit der Wahrheit heraus, die der Nachbar mit herzlichem Lachen quittierte.

Nicht verwunderlich war dann wohl auch noch, dass beide Männer zum Mittagessen mehrmals von ihren Frauen gerufen werden mussten und nach demselben sich erst einmal nach so viel Aufregung einen Mittagsschlaf gönnen mussten.

„Die Jäger sind verrückt!"

Diese Beurteilung der Jäger stammt nicht etwa primär von einem Außenstehenden, sondern indirekt von meinem Jagdfreund Bernhard, damals noch Vorsitzender unserer Kreisjägerschaft, der inzwischen leider schon in den ewigen Jagdgründen waidwerkt. Unser Dorfarzt starb viel zu früh, weil er das, was er seinen Patienten ständig predigte, nicht auch auf sich selbst bezog. Details sind hier für niemanden nützlich.

Als er seinen Spruch über die Verrücktheit der Jäger losließ, saß ich in seiner Praxis und wir kamen, wie immer bei meinen Besuchen dort, auch auf die Jagd zu sprechen, und dieses Mal erzählt mein Doktor eine besondere Begebenheit von seiner Bockjagd:

„Ich hatte einen guten Abschussbock in meinem Revier ausgemacht, aber der war mir noch nie schussgerecht gekommen. Als ich nun neulich wieder auf einer Leiter saß, wo ich den Bock schon mehrfach gesehen hatte, entdeckte ich ihn auch wieder. Aber er wechselte an einer Hecke entlang, wo ich ihn höchstens anpirschen konnte.

Ich baumte also ab, schlich mich an einen fast trocken gefallenen Graben heran und kroch dann auf allen Vieren durch diesen weiter.

Dass der Graben noch nicht ganz trocken war, sah man bald an meinen Klamotten, aber das war mir hier egal.

Immer wieder hielt ich im mehr und mehr abnehmenden Büchsenlicht nach dem Bock Ausschau ohne mich zu weit aus dem Graben zu erheben, bis ich endlich glaubte, dass er nun wohl zu packen wäre. Schweißgebadet wie ich inzwischen war, stieg ich vorsichtig nach oben und legte meinen Drilling auf einem Weidepfahl auf. Dann hatte ich das Tier auch im Zielfernglas, aber genau in der einzig möglichen Schussrichtung sah ich die Küchentür des Bauernhauses von Schulze Hilgensmann. An einen Schuss war nicht zu denken, ich habe laut ‚Scheiße!' geschrien, wonach der Bock natürlich absprang. Dann habe ich mir selbst gesagt, wenn Du das einem Nichtjäger erzählst, dann sagt der ‚Die Jäger sind verrückt! ' und hat sogar in dem Falle absolut Recht!"

Hasen in Eltrup

Wie so oft, sprachen wir dieser Tage in der Jagdhütte über alte Zeiten und Erlebnisse, die wahrlich kein Jägerlatein sind. Da waren beispielsweise zwei „Hasengeschichten". Die erste fand bei uns im Revier statt.

Da hatten wir vor Jahr und Tag auf dem sogenannten Heidchen zwei Hasen geschossen und die an den Wegesrand gelegt, damit Erich Dax, der den Jagdbegleitwagen fuhr, diese später mitnehmen sollte.

Aber als Erich nun dort anlangte, war ein Hase verschwunden. Heinrich Dax, damals der Chef im Revier mutmaßte sogar, dass sich ein Hase vielleicht nur totgestellt hätte und darum nun natürlich auf und davon sei.

Die Lösung dieses Hasenrätsels ergab sich abends in der Kneipe „Hillebrand", die damals noch an der Straße von Sinningen nach Riesenbeck zu finden war. Ein Bauer aus der Nachbarschaft erzählte dort: „Ich habe ja schon viele Hasen gesehen, die von einem Auto überfahren wurden, aber dass auch mit einem Fahrrad ein Hase erlegt werden kann, das war mir bis heute neu. Da habe ich nämlich einen Radfahrer gesehen, der einen Hasen auf seinem Gepäckträger liegen hatte."

Nun erinnerte sich auch Erich wieder, dass er während der Jagd einen Radler im Revier gesehen hatte. Und Heinrich meinte dazu nur: „Vielleicht hatte der arme Kerl das Geld für den Sonntagsbraten beim Frühschoppen versoffen. Möge seiner Frau der Hasenbraten gut bekommen, ihm selbst wünsche ich stundenlange Magenschmerzen!“

***

Die zweite Hasengeschichte trug sich in der genannten Gaststätte zu. Da hatten damals Eckhard und ich unser Abendessen verspeist und uns dann an die Theke gesetzt, als ein uns unbekannter Mann in die Kneipe kam und sich auch an den Tresen stellte. Er sprach uns gleich an und erzählte, sein Vordermann hätte eben mit dem Wagen einen Hasen angefahren und das Tier wäre darauf in den Graben gefallen. Er selbst habe sein Auto angehalten und den Hasen, der noch ganz gut ausgesehen hätte, in seinen Kofferraum gepackt, weil es ja zu schade wäre, wenn so ein Stück Wild einfach so vergammeln würde.

Allerdings schilderte der Bauer auch die Tatsache, dass er nun vor dem zu erwartenden Hasenbraten ein großes Problem zu lösen hätte. Er könnte das Tier weder abziehen noch ausnehmen und seine Frau sei dazu auch nicht in der Lage.

Natürlich habe ich dem Landwirt gesagt, dass ich das doch verwunderlich fände, wenn ein Bauer nicht einmal mit einem toten Hasen fertig würde. Ich hätte das als einer, der auf dem Dorf aufgewachsen ist, schon als Vierzehnjähriger perfekt gekonnt.

„Dann können Sie das doch eben bei Alfons auf der Tenne für mich machen!“ rief der Bauer nun. „Ich übernehme dann dafür auch Ihren Bierdeckel.“

So zog ich also mit dem Wirt Alfons auf dessen Tenne, wo in einem Eichenbalken schon zwei Nägel waren, an denen ich den Hasen aufhängen könnte. Natürlich fragte ich Alfons noch, was das für ein Bauer wäre, der komischerweise nicht einmal mit Wild umgehen könne, erfuhr dann aber, es handele sich um einen Großbauern, der für so etwas früher natürlich seine Leute gehabt hätte.

Da es sich also um einen reichen Mann handelte, schlug ich dem Wirt vor, doch auch noch alles was sich auf dem Bierdeckel meines Jagdfreundes Eckhard stünde, schnell auf meinen Deckel zu übertragen.

„Das macht den Kerl nicht arm“, meinte nun Alfons, „der hat Geld genug. Aber für die Summe, die er nun bezahlen muss, hätte er sich im Wildhandel zwei bratfertige Hasen holen können!“

Eckhard und ich tranken nachdem ich mit dem Hasen fertig war, noch ein Paar Bierchen auf das Wohl des zufriedenen Bauern, der nun seine Frau mit einem Sonntagsbraten überraschen konnte, wobei unser vermeintlicher Durst gelöscht und die Geldbörse des Bauern erleichtert wurde.

Ein nächtlicher Gast in der Hütte

Wenn man auf der Leiter sitzt und unter sich ein ziemlich lautes Rascheln und Schmatzen hört, weiß man als erfahrener Jäger, dass das nur ein Igel sein kann.

So erging es auch unserem Jagdaufseher Wilfried vor Jahr und Tag als Heinrich Dax im Revier in Eltrup noch das Sagen hatte. Kürzlich hat er die Geschichte noch einmal bei einem fröhlichen Hüttenabend erzählt: Als ich den Igel unter meinem Sitz hörte, war schon tiefe Dämmerung, wo ich sowieso bald abbaumen wollte. Da habe ich dann das Stacheltier aus Spaß gefangen und in meinen Hut gelegt. Damit in der Hütte niemand etwas merkte, habe ich das Tier dann in einen Plastikeimer gelegt und in den Schuppen gestellt. Nachts als Ruhe in der Hütte war, habe ich den Igel geholt. Da musste ich ihn aber noch einmal einfangen, denn er hatte bei seinen Fluchtversuchen den Eimer umgeworfen und saß nun vor der Tür des Schuppens.

Der Igel hatte sich natürlich wieder zusammengerollt und war so leicht in die Hütte zu schmuggeln.

Als in der Nacht in der Hütte kein Licht mehr brannte und alles ruhig war, wurde der Igel lebendig und versuchte einen Weg ins Freie zu finden. Dabei machte er so laute Geräusche, dass alle Jäger erwachten.

Heinrich wollte gleich wissen, wer ihn denn da im Schlaf gestört hätte, aber jeder Jäger beteuerte seine Unschuld, und der Igel hatte sich gleich nach dem Einschalten des Lichtes in Deckung gebracht, so dass ihn keiner zu sehen bekam.

Nachdem die Jäger wieder versuchten, ihren unterbrochenen Schlaf fortzusetzen, fing der Lärm des kleinen Stacheltieres erneut an.

Heinrich suchte wieder einen Schuldigen für die Störung, es

gab nun auch Streit unter den anderen Jägern, aber ich habe natürlich geschwiegen, betonte Wilfried nun.

Doch da wollten die Zuhörer wissen, ob und warum denn dann irgendwann doch noch Ruhe in der Hütte gewesen wäre. Das konnte doch nicht die ganze Nacht so gegangen sein.

Nun, die Lösung dafür ergab sich am anderen Morgen. Als da nämlich noch einmal jeder jedem versichert hatte, dass die Störung nicht von ihm ausgegangen sei, musste ein Tier der Urheber der Geräusche gewesen sein. Also wurde die ganze Hütte bis in den letzten Winkel durchsucht. Und da fand sich der Igel in einer Öffnung, durch die das Abflussrohr der Küchenspüle nach draußen geführt war. Der kleine Störenfried hatte hier wohl versucht, nach draußen zu entwischen und hatte sich dann in dem Loch, das für ihn viel zu eng war, praktisch selbst gefangen.

Der Igel wurde dann natürlich in die Freiheit entlassen.

„Was hat dann aber Heinrich gesagt? Der wollte doch bestimmt den Täter haben!“ wollten nun Wilfrieds Zuhörer wissen.

Worauf Wilfried die Geschichte beendete mit dem Satz: „Der Spaß mit dem Igel hat mich zwei Kästen Bier gekostet!“

Katzen
– ein leidiges Thema mit zuweilen dramatischen Akten

In der Eigenjagd des Bauern Daalmeyer in Eltrup im Münsterland, die Heinrich Dax 1952 erstmalig pachtete und die seitdem in Familienbesitz geblieben ist, gab es zum Thema Katzen eindeutig den Satz „Nur tote Katzen sind gute Katzen!“

Das bezog sich auf das Revier, wobei der eigentliche Bauernhof natürlich ausgenommen war. Allerdings war – schon nach Heinrichs Devise – der Bach, der zwischen dem großen Gutshof und Heinrichs kleiner Jagdhütte floss, die Grenze wo laut dem sogenannten Urpächter „der Spaß aufhörte".

Damit waren zwar die im Jagdrecht bezüglich der Katzen vorgegebenen Paragrafen nicht erfüllt, denn die Entfernung war eigentlich zu kurz, aber bisher hatte jeder Hofherr den Bach als Grenze akzeptiert. „Bisher"- das war bis zum Sommer des Jahres 2007 – hatte es auch nie Streit gegeben wegen der vielen Katzen, denen im Laufe der Jahre der Ausflug über den Bach nicht so gut bekommen war.

Hier ist sicher eine Randbemerkung erlaubt, die Erich Dax zum Thema Katzen zu machen pflegt: „Die Biester stellen im Hausgarten den Singvögeln und allem nach, was sich bewegt, werden oft in den Ferien irgendwo ausgesetzt und töten draußen alles, von der Maus über die Junghasen bis zu sämtlichen Bodenbrütern. Und für Katzen gibt es keine Steuern, aber wir Hundebesitzer müssen blechen. Ich bin für eine radikale Katzensteuer, die dann auch dafür sorgt, dass sich die Biester nicht unkontrolliert vermehren, weil für jedes einzelne und noch so kleine Viech geblecht werden müsste. Über eine kleine Steuerermäßigung für unfruchtbar gemachte Katzen und Kater ließe ich dann ja eventuell noch mit mir reden. Aber leider habe ich ja nichts zu sagen und die Jägerschaft leider auch nicht!"

***

Das hier nun zu beschreibende Revierdrama fand in einer Sommernacht im Jahre 2007 statt. Erich Dax, inzwischen seit einigen Jahren der Pächter im Revier Daalmeyer, hockte mit seinem Jagdaufseher Wilfried in der Hütte. Der Jagdtag war im eigentlichen Sinne keiner gewesen, denn es war kein Schuss gefallen. Das war kein Wunder, denn bei den ausgedehnten Feldern mit inzwischen so hohem Mais, dass darin kein Stück Wild mehr zu sehen war, gab es sozusagen auch im Sommer nichts mehr zu schießen. Da war zwar noch der Waldanteil des Eigenjagdbezirks, aber in dem hatte am 18. Januar der Orkan Kyrill gewütet und einigen Schaden angerichtet. Erich Dax durfte deswegen reichlich viel Brennholz zunächst im Wald und dann an der Hütte verarbeiten.

Inzwischen lag das Brennholz zwar säuberlich gestapelt unter Dach und Fach, aber der ausgelichtete Wald brachte keine Erleichterung für den sommerlichen Bockabschuss, der ja nun stattfinden sollte. Wo nun mehr Licht war, gab es auch mehr Farn und Unterholz, und vor allem der Faulbaum breitete sich schnell aus.

Der sogenannte Jagdtag hatte die Erledigung von Revierarbeiten mit sich gebracht, die es ja immer gibt, die aber nun besonders die Hochsitze betraf, an denen Kyrill sich auch ausgetobt hatte.

Kurz nach zehn am Abend, oder für die pingeligen Mitbürger kurz nach 22 Uhr, waren Geräusche vor der Hütte zu hören. Erichs Jagdhündin Inka stand sofort sprungbereit hinter der Hüttentür und schoss blitzschnell hinaus, als Erich mal nach dem Rechten schauen wollte.

Draußen war die junge Bäuerin vom Hof mit einer Kinderschar. Man hatte, mit Taschenlampen bewaffnet, eine Nachtwanderung gemacht und irgendjemand war auf die komische Idee gekommen, doch mal die Jäger in ihrer Hütte zu erschrecken.

Erich hatte noch kaum verstanden, was da eigentlich vor sich ging, da hatte ein nächtliches Drama bereits stattgefunden. Den Kindern war eine junge Katze gefolgt, und das hatte Hündin Inka wohl als unangebrachte Störung wahrgenommen und prompt das Katzenkind gegriffen und ins Katzenjenseits befördert.

Das geschah wie immer blitzschnell, niemand hätte den Hund zurückhalten können. Die Bäuerin und ihre Kinder zeigten deutliches Entsetzen ob des angeblich grausigen Mordes, Erich versucht etwas zu erklären, wobei allerdings niemand zuhörte. Dann griff er den Katzenkadaver, um ihn auf den Holzschober zu legen, wo er den Blicken der Kinder entzogen wurde und wo Inka ihn nicht mehr erreichen konnte.

Und das alles geschah jedoch auch, ohne dass bisher jemand die Außenbeleuchtung an der Jagdhütte eingeschaltet hatte. Als nun Erich im Dunkeln vom Holzschober wieder zur Hütte gehen wollte, stürzte er über einen Eichenknubben und verletzte sich an der Hand und auch im Gesicht, was beides zu heftigen Blutungen führte, so dass Wilfried schnell Erste Hilfe leisten musste. Da hatte man nun sozusagen den zweiten blutigen Akt des dramatischen Abends.

Der Ausflug der Nachtwanderer endete schnell, hinterließ allerdings eine Missstimmung, die vor allem auch daran lag, dass die Bäuerin immer noch energisch die Meinung vertrat, Erichs Hund sei zu scharf. Ein Hund hätte Katzen zu dulden, war ihre dadurch gefestigte Meinung, dass auf dem Hof ein australischer Hütehund lebte, der natürlich gemäß seiner Rasse und Wesensart Katzen tolerierte. Aber das war natürlich kein Jagdhund, der die nötige Schärfe haben musste.

Am folgenden Morgen reparierte Wilfried gerade etwas am Hüttenschornstein als von seinem Auto her ein zwar leises aber doch eindeutiges Miauen zu hören war. Wilfried rief Erich herbei und sagte ihm: „Guck mal unter meinem Auto nach. Ich glaube die kleine Katze von gestern ist wieder lebendig geworden."

Das stimmte natürlich auf keinen Fall, aber eine kleine Katze befand sich tatsächlich unter dem Wagen. Es war natürlich nicht die vom Vorabend, aber Erich griff sich den Stubentiger, während Inka glücklicherweise gerade in der Hütte war, und machte sich damit auf den Weg zum Daalmeyerschen Hof.

Dort präsentierte er die kleine Katze mit den Worten: „Hier habt Ihr einen Ersatz für die Katze, die Inka gestern getötet hat!“

Auf dem Hof sah jeder, dass es ein Katzenjunges war, das ohnehin dorthin gehörte, aber man nahm Erichs Besuch als Friedensangebot an. Erich selbst betonte noch einmal ausdrücklich, dass es ihm leid täte um die kleine Katze vom Vorabend, aber dass man auch nicht zur Jagdhütte, wo sich ein Jagdhund befindet, eine Katze mitnehmen dürfe.

Der Tochter der Bauersleute, die sich am Vorabend besonders laut über den Verlust der kleinen Katze aufgeregt hatte, bot Erich dann sogar noch als Schadensersatz zehn Euro an, und er glaubte seinen Ohren nicht mehr trauen zu können als das Mädchen da entgegnete: „Nein, lass das mal, fünf Euro sind auch genug!“

Das passte nun überhaupt nicht zu der landläufigen Meinung, die man über die sogenannte „Schrappigkeit“ (münsterländisch für „Raffgier“) der Bauern insgesamt überall hört, und entsprechend äußerte sich Erich auch später gegenüber Theo, dem Chef des Hofes. Hier meinte dieser dann zum Verhalten seiner Tochter: „Lass ihr nur Zeit, das lernt sie schon noch richtig!“

Und damit war Erich dann auch vorläufig getröstet, was seine Zweifel über die Mentalität der Agrarier anging.

Der vermeintliche Jungfrauenschänder

Bei dieser für den noch lebenden Hauptbeteiligten möglicherweise doch etwas peinlichen Geschichte kann ich die Personen nicht darstellen wie sonst, wo sie für eingeweihte Jäger gleich zu identifizieren sind.

Es ging um die Bockjagd, das sei zunächst klargestellt, weil ja auch ein vermeintlicher Jungfrauenschänder schon mit einem Tatverdächtigen verwechselt werden könnte.

Zwei Jäger waren damals in einem Revier bei Bad Berleburg. Der deutlich ältere der beiden hatte erst mit 60 Jahren den Jagdschein gemacht als es die Verhältnisse in seiner eigenen Firma endlich zuließen. Der jüngere Waidmann war mit knapp 40 Jahren noch sozusagen zu allem fähig.

Nun hatte der alte Herr, Gotthold E. Schlaumann, mit dem jungen Mann, Eberhard Allensberg, zusammen auf einer Kanzel gesessen. Der junge Jagdfreund gab dem alten Mann Nachhilfe im Ansprechen von Rehböcken. Und wie es der Zufall sowie Sankt Hubertus und Diana wollten, kam im Laufe des langen Sommerabends sogar ein richtiger Abschussbock auf die Wiese vor dem Hochsitz.

Auf Eberhards Geheiß erlegte Gotthold den nun sogar mit einem sauberen Blattschuss. Es war der erste Bock seines Lebens und riesengroß war natürlich die Freude.

Der Bock kam unaufgebrochen in das von Eberhard gefahrene Auto, das jedoch seinem Vetter Heinrich gehörte, und man steuerte erst einmal die Gastwirtschaft an, wo andere Jäger noch erwartet wurden. Gotthold bestellte eine Flasche vom besten Sekt, nachdem zunächst ganz schnell ein paar Jägermeister mitsamt dem zugehörigen Bier verkonsumiert wurden.

Als der Sekt ausgetrunken war, aber noch keine weiteren Jäger eingetroffen waren, fuhren unsere Bockjäger zum Forsthaus, wo Eberhard den Bock endlich aufbrach. Das konnte er auch im angetrunkenen Zustand, der jedoch danach bald in einen Vollrausch überging, weil man in der alten Försterei auch noch fleißig einschenkte, denn Gottholds erster Bock war ja Grund genug. Wobei anzumerken bleibt, dass der Bocktöter auch noch sehr gut Trinkbares aus seinem eigenen Auto hervorgeholt hatte.

Eberhard hatte, wie gesagt, endlich den Bock versorgt. Doch dabei war ihm große Not angekommen nach den vielen Getränken. Um sich zu erleichtern ging er flugs an eine Hecke. Er hatte sich jedoch noch nicht die Hände gewaschen, könnte vielleicht hier schon erwähnt werden.

Das Tottrinken des Bocks ging für Eberhard solange weiter bis er kaum noch auf den Beinen stehen konnte. Und so kam das geliehenen Auto auch in der Nacht nicht mehr zu seinem rechtmäßigen Eigentümer zurück. Den Krach, den der Eigner dann deswegen machte, bekam Eberhard nur noch halb mit.

Umso besser und deutlicher vernahm er aber am anderen Morgen die Stimme seiner an diesem Wochenende mitgereisten Ehefrau. Die fand am nächsten Morgen ihren Herrn Gemahl fast vollständig bekleidet in einem Bett im Forsthaus. Und die stellte erhebliche Blutspuren am Hosenlatz und an der Unterhose ihres Mannes fest, kam zu völlig fehlerhaften Vermutungen und ließ ein Donnerwetter los, das selbst ein heißer Augusttag nicht besser hätte bieten können. Auch Jägerfrauen können manchmal Blut und Schweiß nicht unterscheiden. Und hier lag ja zudem ein besonders sonderbarer Fall vor, der selbst die Fantasie einer braven Frau auf völlig falsche Fährten führen konnte. Vom eigentlich unüblichen Einsatz der zugehörigen Frauenhände schweigt hier der Chronist lieber.

Die Beweislage war jedoch für Eberhards Unschuld eindeutig, zumal es etliche glaubwürdige Zeugen gab.

Festzuhalten bleibt noch, dass sich Eberhard nunmehr ständig die Hände reinigt, bevor er nach dem Aufbrechen eines Stück Wildes an seine unteren Körperregionen greift.

„Auf der richtigen Seite?"

Dieser Text wurde mehrmals in unserer Jagdhütte erzählt, aber dazu ist mir kein Copyright bekannt

Auch im Münsterland gibt es diese Einrichtungen, die in den letzten Jahren mehrfach ihren Namen gewechselt haben. Ganz früher waren es „Irrenhäuser", danach auch wohl „Landeskrankenhäuser" und heute nennen sie sich wohl allgemein „Fachklinik für Psychiatrie".

Den jeweiligen Gebäudekomplex umschließt fast immer ein weitläufiger Park, der früher häufig von hohen Mauern umschlossen war, während heute ein Maschendrahtzaun üblicher ist sofern es sich nicht um eine geschlossene forensische Anstalt handelt.

An der durchsichtigen Begrenzung einer der beschriebenen psychiatrischen Kliniken in ländlicher Umgebung trafen sich jüngst ein Patient und ein Jäger, jeder jeweils auf seiner Seite des Zaunes. Der Patient sprach den Jäger an, der seine Flinte und ein Fernglas umgehängt hatte und einen erlegten Hasen trug, und es ergab sich sozusagen ein Frage- und Antwortspiel, bei dem der Patient begann:

„Wie ich sehe, bist du hier wohl der Jäger, der hier die Jagd hat und du hast eben diesen Hasen geschossen?" „So ist es!" antwortet der Jäger. Nun will der Psychiatriepatient noch wissen, was wohl das Gewehr des Waidmannes kostet, sowie das Jagdglas und die sonstige Ausrüstung.

Da nennt der Jäger Preise, die nicht gerade gering sind, außerdem will aber der Fragende noch wissen, was es denn wohl koste, solch eine Jagd wie die hier ans Klinikgelände angrenzende zu pachten. Da muss der Jäger einen sehr hohen Preis nennen.

Der Patient denkt sichtlich eine Weile nach und will dann wissen, was so ein erlegter Hase wohl kosten müsste, wenn man all die genannten Kosten mitrechnen würde.

Ganz kleinlaut sagt da der Jäger: „Wenn man das so rechnet, kostet der Hase über 500 Euro!"

„Und was bekommt man für den Hasen, wenn man den verkaufen will?" kommt die Anschlussfrage. „Wenn ihn überhaupt jemand haben will, erhalte ich vielleicht fünf oder sechs Euro!" lautet die Antwort, die den Patienten zu seiner letzten und alles abschließenden Frage ermuntert:

„Glaubst Du denn wohl auch noch, dass Du auf der richtigen Seite von diesem Zaun bist?"

Elisabeth will Einkünfte aus der Eigenjagd haben

Elisabeth Schulze Bramkamp war Witwe, sie hatte vor fünf Jahren ihren Mann verloren und saß nun mit ihrem unverheirateten Sohn Hubert auf dem Schulzenhof mit viel Land aber mit ziemlich wenig verfügbarem Bargeld.

Hubert war Junggeselle geblieben, hatte dabei inzwischen die 40 überschritten, und eine „junge Bäuerin" war nicht in Sicht.

Aber er hatte ja noch seine Mutter. Sie war noch „gut auf dem Damm", wie man im Münsterland zu sagen pflegt und diente Hubert als Köchin, Putz- und Waschfrau, also als seine billigste Arbeitskraft auf dem Hofe, wo es schon lange keine Knechte und Mägde mehr gab und wo nur gelegentlich Lohnunternehmen zur Unterstützung des Landwirts tätig wurden.

Aber Elisabeth Schulze Bramkamp hatte das eintönige Leben satt, schon oft hatte sie sich vorgenommen mal mit ihrem ältesten Sohn Klartext zu reden oder noch besser mit der ganzen Familie, denn da waren auch noch die beiden Söhne Josef und Bernhard, die im nicht weit entfernten Münster lebten.

Und an einem Sonntagmorgen im November begann sozusagen Elisabeths Rebellion. Es war der Morgen nach der Sankt-Hubertus-Treibjagd in der Eigenjagd des Hofes.

Elisabeth hatte das Frühstück fertig, der Tisch war für vier Personen gedeckt, denn auch die beiden jüngeren Söhne hatten auf dem Hof übernachtet, weil sie beim Schüsseltreiben wieder mal zu viel getrunken hatten und natürlich nicht mehr mit dem Auto zurück nach Münster fahren durften.

Das Schüsseltreiben mit etlichen Jagdgästen hatte auf dem Hof stattgefunden, der Grünkohl mitsamt Zubehör war zwar von einem Partyservice angeliefert worden, aber für Elisabeth war noch Arbeit genug übriggeblieben, denn eine Schwiegertochter, die geholfen haben könnte, hatte sich nicht eingefunden. Es gab ja ohnehin nur noch eine, nämlich Isolde die Frau von Josef. Bernhard war ja geschieden, da erübrigte sich der Gedanke an eine helfende Schwiegertochter für die alte Bäuerin ohnehin.

Als nun die noch keineswegs ausgeschlafen wirkenden Herren Jäger endlich deutlich verkatert am Frühstückstisch saßen, hielt ihnen Elisabeth eine Predigt, die wohl kein Pfarrer im Umkreis von 100 Kilometern deutlicher hätte gestalten können. Dafür war die der Bäuerin aber viel kürzer und gipfelte in dem Satz: „So wie bisher geht das mit unserer Jagd nicht weiter, die Einkünfte daraus stehen mir zu, weil mein Mann und Euer Vater es in seinem Testament so bestimmt hat!“

Die drei Männer waren sofort putzmunter, und der erste, der sich von dem Schreck in der Morgenstunde erholt hatte, war

Bernhard, der gleich wissen wollte: „Und wie hast Du Dir das vorgestellt? Du weißt doch, dass es keine Einkünfte gibt, weil die Jagd nicht verpachtet ist! Sollen wir Dir nun etwa Jagdpacht bezahlen?“

Mit der Frage hatte Elisabeth gerechnet, denn sie wusste ja nur zu gut um all die Fakten, die mit dem Eigenjagdbezirk des Hofes zusammenhingen. Ihre drei Söhne hatten die Jägerprüfung gemacht, um daheim zu jagen. Dann war da noch ein Bauunternehmer, der vor vier Jahren auf dem Hof ein neues Stallgebäude erstellt hatte. Statt ihn dafür zu bezahlen hatte Hubert ihm ein Begehungsrecht für das Revier gegeben und zwar für zehn Jahre. Allerdings durfte der Unternehmer die Jagd nicht allein ausüben und hatte auch jedes Jahr nur einen Bockabschuss frei. Da war nämlich auch noch der Tierarzt, der sozusagen „freie Flinte“ im Revier hatte und der dafür seine Dienstleistungen auf dem Hof zwar für die Buchhaltung in Rechnung stellte aber auf die Bezahlung verzichtete. Auch er durfte ab und an einen Rehbock strecken.

Und das hätten am liebsten auch die drei Söhne des Hofes gern jedes Jahr getan, aber das ließ der amtliche Abschussplan nicht zu. Da bedurfte es einiger Absprachen, die nicht immer ohne Streit abliefen. Es gab also keine Einnahmen für das Revier und daraus schloss nun auch Hubert messerscharf, dass daher seine Mutter keine Ansprüche haben könnte. „Du kannst einem nackten Mann nicht in die Tasche packen!“ schloss er seinen Einspruch, aber seine Mutter ließ sich nicht einschüchtern und erinnerte ihre Söhne daran, dass sie glücklicherweise ihr „Einjähriges“, also ihre „mittlere Reife“ im Vorsehungskloster in Handorf gemacht hätte, wo die Schule heute „Bischöfliches Gymnasium St. Mauritz“ heißt.

Und sie wurde gleich ganz deutlich: „Aus der Zeit habe ich

noch etliche Freundinnen, und eine davon ist mit dem münsterschen Staranwalt Dr. Hermann Meyer zu Altenrheda verheiratet. Und der würde Euch im Zweifelsfalle sehr schnell beibringen, was mir wegen des gültigen Testamentes zusteht!"

Josef wollte nun einlenken und fragte: „Wozu brauchst Du denn noch mehr Geld als das, welches Du Dir doch sowieso vom Hofkonto immer holen kannst? Du kannst Dir doch alles kaufen, was Du brauchst. Du bist doch sozusagen finanziell völlig unabhängig. Da lass uns doch das bisschen Jagd!"

Elisabeth wollte sich so nicht abspeisen lassen, außerdem hatte sie einen Plan. Und dessen Verwirklichung kostete deutlich mehr als die gelegentlichen privaten Auslagen. Sie wollte einmal mit einem der Traumschiffe fahren, für die ihr manchmal Werbung ins Haus flatterte. Außerdem war sie schon lange eine treue Zuschauerin, wenn es um das Traumschiff im ZDF ging. Und sie hatte schon mit zwei ihrer alten Schulfreundinnen darüber gesprochen, denn die beiden hatten so eine Reise schon mehrfach gemacht und waren ganz begeistert davon. Da sie wohlhabende Männer hatten, waren sie finanziell unabhängig und hatten Elisabeth schon mehrfach erklärt, ihr großer Hof müsse doch auch wohl so eine Ausgabe locker verkraften können.

Das letzte äußerte sie nun auch, aber da ging Hubert sofort an die Decke: „Du weißt ganz gut, dass wir nicht viel Geld flüssigmachen können. Und für solche Kinkerlitzchen gibt mir keine Bank einen Kredit!"

Aber Elisabeth wollte es heute wissen und konterte: „Das Geld muss ja nicht allein vom Hofkonto kommen! Ich habe ja drei Söhne, die in meiner Jagd ihrer Passion nachgehen! Also müsst Ihr auch alle bezahlen, was mir sowieso zusteht! Und das seit fünf Jahren!"

Nun fingen auch Josef und Bernhard an zu protestieren, wobei Josef allerdings noch ein wenig einzulenken versuchte: „Du kannst ja erst einmal mit einer Flusskreuzfahrt anfangen. Da schaukelt das auch nicht so. Auf dem Ozean würdest Du ja doch nur seekrank. Du kannst ja nicht mal das Autofahren gut vertragen!"

„Das ist ja bei Deinem Fahrstil auch kein Wunder!" wandte Bernhard gleich ein, aber Josef hatte keine Zeit, darauf auch noch einzugehen, denn Elisabeth verkündete klipp und klar: „Ich will hier mal raus, ich will was von der Welt sehen solange ich das noch kann, und ich werde mein Geld schon kriegen und wenn es mit dem besagten Anwalt, dem Mann meiner Freundin, geschehen muss! Das Testament von Eurem Vater ist rechtskräftig! Und ich glaube, dass er an Eure Widerspenstigkeit gedacht hat als er es schrieb. Dass man von seinen Kindern keinen Dank erwarten kann, das sehe ich ja heute morgen selbst!"

***

Nach dem sonntäglichen Frühstück war einige Zeit vergangen, Hubert hatte schon geglaubt, dass das Thema Jagd, soweit es seine Mutter betraf, erledigt wäre, als eines Nachmittags Elisabeths Freundin, Hildegard Meyer zu Altenrheda, zu Besuch kam. Und das war keine spontane Idee von Elisabeths Freundin, denn sie brachte ein Blatt Papier mit, eine sogenannte Aktennotiz auf einem Briefbogen der Kanzlei ihres Mannes. „Vorläufige Kostenaufstellung für das Revier Schulze Bramkamp" stand ganz oben und dann folgte eine tabellarische Aufstellung, die Elisabeth nun überflog, nachdem sie sich mit ihrer Freundin Hildegard zu Kaffee und Kuchen in einem kleinen Wohnzimmer des Gutshofes an einen alten Eichentisch gesetzt hatte.

Elisabeth lachte dann plötzlich laut auf und sagte zu ihrem Besuch:

„Beim flüchtigen Hinsehen merke ich schon, dass Dein Mann mich auf einmal zu einer reichen Frau machen möchte, denn an die Summen, die er hier auflistet, hätte ich nie gedacht. Das alles wird meinen Söhnen überhaupt nicht schmecken!“

Hildegard lächelte und erwiderte: „Bei Anwälten kommt es auf möglichst hohe Summen an, denn daraus errechnet sich der Streitwert und mit dem auch das Honorar. Aber mache Dir keine Sorgen, ein Honorar wird erst fällig, falls es wirklich mit Deinen Söhnen zu einem Rechtsstreit kommen sollte. Ich habe die Aufstellung übrigens gleich in unserer Kanzlei dreimal kopieren lassen. So kannst Du gleich jedem Deiner Söhne schon mal sozusagen auf die Sprünge helfen. Und so wärest Du auch mit guter Munition versorgt für den Streit mit Deinen Jägern, hat mein Hermann dazu noch gesagt. Und der ist ja auch Jäger und nebenbei noch Fachanwalt für Jagdrechtsangelegenheiten.“

„O Gott, Hildegard“, seufzte nun Elisabeth, „da können mir meine Jungs ja fast schon leidtun.“

„Mitleid musst Du nicht haben, Elisabeth“, entgegnete die Anwaltsfrau, „wenn die drei Knaben vernünftig sind, werden sie Dir auch das geben, was Dir nach dem Testament von Deinem Mann zusteht. Du willst ja nicht mehr als dein Recht. Und an den Kosten für die Jagdpacht wird Euer Hof ja wohl nicht gleich zu Grunde gehen!“ Elisabeth versuchte nun ihrer Freundin klar zu machen, dass man auf einem Hof ständig investieren müsste. Und da der Ertrag gering sei, bliebe nicht viel Geld übrig.

***

Erwartungsgemäß protestierten die drei Söhne des Gutshofes Schulze Bramkamp energisch, als sie die Kostenaufstellung des Anwalts gelesen hatten.

Es war wieder ein Sonntagmorgen, dieses Mal war keine Treibjagd im eigenen Revier gewesen, aber die Herren waren auch diesmal sauer, weil sie nicht zu ihrem gewohnten Stammtisch gehen konnten. Und nun ging es auch noch um „diesen blöden Schrieb von dem verdammten Winkeladvokaten", wie Hubert sich hierbei ausdrückte.

Doch seine Mutter hatte solche Sprüche erwartet. Sie erklärte ihren Söhnen, dass sie keineswegs nun die sofortige Auszahlung der aufgeführten Summen verlangen würde, aber die Kosten für eine Kreuzfahrt mit ein oder zwei Freundinnen müsse nun wohl bald finanziert werden. Und dass die Damen dabei in einer großen Suite gemeinsam untergebracht werden wollten, war schon fest geplant.

Nun sollten die drei Söhne sich mal schnell überlegen, wie sie an das Geld kämen, das ihre Mutter zunächst schon einmal für die Kreuzfahrt schnell haben wollte.

An diesem Sonntag war auch Josefs Frau Isolde mit auf den Hof gekommen. Sie war Gymnasiallehrerin an der selben Schule wie Josef, das heißt beide hatten eine volle Stelle, jammerten jedoch immer wieder, dass sie sich bei den heutigen Preisen nichts mehr erlauben könnten obwohl sie keine Kinder hatten. Und Isolde fuhr nun ganz schweres Geschütz auf indem sie daran erinnerte, dass ihr Mann ja auch das ihm nach dem Tode seines Vaters zustehende Erbe nicht erhalten hätte.

„Nur das bisschen Holz für den Dachstuhl unseres Hauses haben wir bekommen, und da willst Du uns nun total ausplündern!" beendete sie laut und deutlich ihren Einwand.

„Was das alles angeht, da wird Euch mein Anwalt schon gründlich aufklären, wenn es denn sein muss! Aber, Isolde, denke bitte daran, dass dann von Eurem Geld noch mehr draufgeht! Sogar mehr, wenn man das Euch angeblich zustehendes Erbe anteilig mitrechnet. Doch das ist sowieso erst nach meinem Tode fällig. Aber vorher will ich mir noch ein bisschen vom Leben gönnen!"

Damit schloss Elisabeth Schulze Bramkamp für den Vormittag die Sitzung, denn sie wollte in die Küche, um sich um das Mittagessen für ihre Familie zu kümmern. Doch sie brauchte auch dieses Mal nur für zwei Personen zu kochen, denn die in Münster ansässigen Familienmitglieder zogen es vor nach Hause zu fahren.

„Ehe ich hier heute noch zum Essen bleibe, fahre ich lieber in die nächstbeste Dorfkneipe. Hier auf dem Hof bekomme ich ja doch keinen Bissen runter!" ließ Isolde noch zum Abschied ihre Schwiegermutter wissen.

***

Es gab noch ein paar Diskussionsrunden in der Familie Schulze Bram-kamp. Allerdings kam es nicht zu einem Prozess, aber Elisabeth trat ihre geplante Reise mit ihrem Traumschiff an, und sogar in die Karibik ging es. Das hatten Elisabeths Freundinnen so vorgeschlagen, denn dort waren sie selbst noch nicht gewesen.

Nun war der Tag da, an dem die Bäuerin heimkehren sollte. Ihre Söhne saßen unruhig in der großen Küche des Hofes, sogar Isolde war gekommen und hatte sich dazu herabgelassen, an diesem Tag die Küche zu übernehmen.

Auch zwei Bauern aus der Nachbarschaft waren mit ihren Frauen auf den Hof geeilt und ließen sich immer wieder einen Schnaps einschenken, weil der angeblich die Nerven beruhigen würde. Und die Nervosität aller auf dem Hofe Schulze Bramkamp versammelten Personen war durchaus begründet. Am letzten Tag von Elisabeths Schiffsreise war aus der Karibik ein Hurrikan gemeldet worden. Niemand wusste etwas Genaues und so ließ jeder seiner Fantasie freien Lauf. Das gipfelte zunächst in einer Bemerkung einer Nachbarin, die bedauerte: „Wenn das Schiff da untergeht, dann können wir ja nicht mal auf Elisabeths Beerdigung gehen!" Doch Isolde setzte noch nach mit: „Dann sparen wir uns wenigstens die Beerdigungskosten, denn die verdammte Kreuzfahrt war schon teuer genug!" Und das löste nur einen schwachen Protest ihrer beiden Schwäger aus. Ihr Mann hatte ohnehin nicht viel zu sagen und hielt sich auch hier lieber zurück.

Doch dann kam eine dritte Nachbarin völlig aufgelöst angelaufen und rief: „Habt Ihr keine Nachrichten gehört? Eben gerade hat der WDR berichtet, dass über dem Atlantik ein Flugzeug abgestürzt ist! Wenn da nur nicht unsere Elisabeth dringesessen hat, oh Gott, oh Gott!"

Aber Elisabeth war weder in den Hurrikan geraten, noch war sie mit einem Flugzeug abgestürzt. Sie kam mit ziemlicher Verspätung auf dem Hof an, weil die Deutsche Bahn vom Flughafen Frankfurt bis zum Hauptbahnhof in Münster es auf eine Verspätung von 70 Minuten gebracht hatte. Dazu kam noch, dass der Mann einer Freundin, der die Kreuzfahrtpassagiere an der Bahn abholen sollte, vorher noch in Köln zu tun hatte und dann in einem Stau auf der Autobahn festgesessen hatte.

Nun war Elisabeth jedoch endlich wieder zu Hause, was sie mit einem „Gott sei Dank!" quittierte und so nach und nach erfuhren die Leute, die auf sie gewartet hatten, dass die Traumschiffsreise wohl doch nicht das große Glücksgefühl in ihr ausgelöst hatte. Die Bäuerin hatte ein paar Tage seekrank im Bett liegen müssen. Dazu kam noch, dass sie im letzten Moment gemerkt hatte, dass der Verehrer, der sich auf dem Schiff um sie bemüht hatte, nur ein ganz übler Heiratsschwindler war. Das Fazit ihrer Reisebeschreibung war: „Einmal und nie wieder!"

Doch als Hubert nun gleich meinte, dann sei der Streit um die Eigenjagd ja endgültig vorüber, sagte Elisabeth klar und deutlich: „Das habe ich nicht gesagt! Es gibt noch viele schöne Städte mit sehr guten Hotels in Deutschland! Was mir zusteht, das steht mir zu!“

Im falschen Treiben

Es ist schon etliche Jahre her, da jagten wir in einem Revier zwischen Saerbeck und Ladbergen und ganz nahe am Flughafen Münster-Osnabrück, wo der berühmte Eltingmühlenbach fließt. Die Berühmtheit verdankt er unserer ehemaligen Landwirtschaftsministerin Bärbel Höhn. Der haben ein paar vermeintliche Schützer seltener Fische erzählt, dass es gerade und weit und breit nur in diesem Bach die einzigartigen Bachneunaugen (Lampeta planeri) gäbe. Der Eltingmühlenbach wurde flugs zur EU nach Brüssel als FFH-Gebiet (Flora-Fauna-Habitat) gemeldet. Von solchen Gebieten gibt es 59 allein in Nordrhein-Westfalen, die eine Fläche von rund 100.000 ha umfassen, wo man natürlich nicht machen kann, was man gern möchte. Und weil nun der Eltingmühlenbach der Landebahnverlängerung des Flugplatzes im Weg ist, hat man tatsächlich beschlossen, dass man das Bachneunauge bei der Überquerung seines Lebensraumes nicht im Dunklen sitzen lassen darf. Da sollen rund 50 große extra dafür produzierte Glaselemente eingebaut werden, die so stark sind, dass sie auch schwere Frachtflugzeuge tragen können. Der ganze Spaß ist mit zehn Millionen Euro an Mehrkosten veranschlagt. Vielleicht muss dann ein Passagier, der hier abfliegen möchte, demnächst neben einem Kerosinzuschlag auch noch einen Bachneunau-genschutzzuschlag bezahlen. Bei den Energiepreisen von heute werden sogenannte Billigflüge künftig wohl so teuer werden, dass in Mallorca und sonst wo die Hotels leer stehen. Es sei denn, dass die reichen Russen auch dort die deutschen Gäste ablösen.

Nun ja, wenn man das so überlegt, werden auch die Kosten für die Fahrt ins Revier auf die Dauer für manchen Jäger teurer als die ganze Jagd-pacht samt den Nebenkosten.

Aber wir jagten ja gerade im Revier am Flugplatz FMO. Nun schnell dahin zurück:

Dort kam im ersten Treiben ein Jäger mit einem großen Geländewagen angefahren, stieg in gebotenem Abstand am von Jägern umstellten Maisfeld aus, nahm seine Flinte und seine Patronentasche, grüßte nach allen Seiten und reihte sich zwischen mir und meinem Nachbarn ein.

Als die ersten Fasanenhähne anstrichen, schoss er gleich eine Dublette. Ein Treiber brachte dem Meisterschützen die beiden Vögel und er hing sie an die Galgen seiner Patronentasche. Nach dem „Hahn in Ruh“, das auch ich geblasen hatte, kam der mir fremde Jäger heran, stellte sich vor und fragte nach dem Jagdherrn Dr. Müller. Den gab es hier aber nicht, das heißt, dass der Mann im falschen Revier und somit bei uns im falschen Treiben gelandet war. Aber da sich im Münsterland die Reviernachbarn kennen, schickte man den „Jäger auf der falschen Fährte“ nun an sein eigentliches Ziel, das nur wenige hundert Meter entfernt lag.

Doch als der Mann nun fortgehen wollte, rief mein Nachbarschütze laut: „Lasst den guten Schützen doch hier. Den können wir gut gebrauchen. Und der muss heute Abend auch noch einen ausgeben auf seine Dublette!“

“Tät‘ ich gern!“ rief der Kurzzeitjagdgast nun und wollte sich auf den Weg machen, hatte aber die beiden Hähne noch an der Tasche hängen.

Da rief unser eben erwähnter Jäger noch mal ganz laut: „Horrido, mein Freund, so geht das aber nicht. Bei uns eine Dublette schießen, keinen dafür ausgeben und dann auch noch das Wild mitnehmen! Das geht entschieden zu weit!“

Alle umstehenden Jäger lachten laut, die Hähne blieben im Revier. Der fremde Jäger wünschte noch einmal laut „Waidmannsheil!“ und stieg wieder in seinen Wagen. Aber eine Dublette hat an dem Tag leider keiner mehr geschossen.

Pfingstböcke

Das Pfingstfest ist ja bekanntlich der erste Termin im Jagdjahr, wo mancher Jäger endlich einmal Zeit findet, sich einige Tage in einem Revier aufzuhalten. Wenn mit der dort anstehenden Bockjagd ein längerer Anreiseweg verbunden ist, passt einem Jäger das verlängerte Wochenende gut in den Terminplan. Und so hängt auch bei manchem Grünrock mindestens ein „Pfingstbock“ an der Wand. Bei mir sind es drei, und zu jedem gibt es eine kleine Geschichte:

Der Pfingstbock vom Hümmling
war hierbei die „Nummer Eins“, wobei es damals noch die alte Klassifizierung der Rehböcke gab, was dazu führte, dass auf meinem „amtlichen Anhänger“ vom Gehörn noch „2b“ zu lesen war, was aber noch zu erläutern sein wird, denn zunächst ist dieser Bock ja nicht einmal tot.

Wir waren wieder einmal mit einer Gruppe von Jägern bei unserem Jagdfreund Hans Heymann in Westerwegen eingefallen, ein Umstand, der schon in meinem Buch „Da schmunzelte selbst Sankt Hubertus“ ausgewiesen ist. Aber das ist nun leider vergriffen. Selbst der Verlag existiert nicht mehr, obwohl er immerhin über 300 Jahre im Familienbesitz überdauert hatte. Sein Rechtsnachfolger ist inzwischen auch „über den Jordan“ gegangen und meine Ansprüche, die ich noch gehabt hätte, sind inzwischen nicht mehr zu realisieren. Nur gut, dass ich nicht von meiner Schreiberei leben muss.

Zum besagten Pfingstwochenende waren wir also am Freitagabend spät eingetroffen und mussten erst einmal das allseitig freudige Wiedersehen mit „Hümmlinger Landwein“ begießen, ein Getränk, das anderen Ortes schlichtweg „Korn“ genannt wird, bei den Einheimischen im südfriesländischen Norden nur unter dem Begriff „Schluck“ firmiert, aber in Mengen konsumiert wird, die fast an die vertilgte Menge von Bier in Nordrhein-Westfalen heranreicht, wobei hier von den Reagenzgläschen, aus denen die Kölner ihr so genanntes Bier trinken, gar nicht einmal die Rede sein kann.

Außerdem gab es viel zu erzählen, denn einige der alten Freunde hatten sich über Monate nicht gesehen. Natürlich erhielten die Neuigkeiten auch viel Jagdliches, das zu ausgedehnten Kommentaren führen konnte, und das alles kostete seine Zeit.

Kurzum – der Morgenansitz am Samstag fiel aus und wurde später durch einen Frühschoppen ersetzt, der den lädierten Schädel von seinen Schmerzen heilen sollte. Unter diesen litten nur die Besucher aus dem Süden, die Einheimischen hatten sich an ihren Schluck gewöhnt und ignorierten auch wohl einen diesbezüglichen Leberbefund, denn morgens früh saß bei Hans Heymann die Kneipe schon wieder proppenvoll.

Und als einmal ein kesser Kölner die Frage stellte, ob es denn in Wes-terwegen wegen des vielen Konsums von Schnaps keine Leberkranken gäbe, wurde ihm kurz und knapp beschieden: „Die siehst Du hier nicht, die sind alle früh gestorben!“

Nach einem Mittagsschlaf, der eigentlich ein Nachmittagsschlaf war, trotteten die Jäger ins Revier, doch es ließ sich dort kein Bock blicken.

Danach hielt man sich mit dem Trinken zurück, damit der Morgenansitz auch wirklich zustande kam, und am Pfingstsonntag unterbrach dann ein Kugelschuss die Morgenstille schon lange bevor das pfingstliche Brausen des Heiligen Geistes termingemäß hätte beginnen können. Aber das war noch nicht mein Pfingstbock. Allerdings war ich natürlich beim alsbaldigen Tottrinken dabei, und das zog sich so lange hin, dass dieses Mal sogar der Abendansitz ausfiel.

Ich erlegte am Pfingstmontag mitten im Westerweger Busch von einer wackligen Leiter aus einen Bock, den ich allerdings in der Eile und zwischen den einzelnen niedrigen Gehölzen nicht genügend ansprechen konnte. Das mit einem Blattschuss getroffene Tier machte noch zwei oder drei sehr hohe Fluchten und fiel dann ins trockene Laub, das sich auf dem Waldboden noch in ein anderes Rot färbte als sonst üblich. Das genaue Ansprechen erfolge nach dem Schuss und ergab ein an sich niederschmetterndes Ergebnis. Da lag kein abschussnotwendiger Bock. Der Jährling hätte normalerweise nicht geschossen werden dürfen, aber hier im Westerweger Busch sei das nicht so schlimm, wie man von den einheimischen Jägern zu hören bekam. Schlimmer war die Tatsache, dass das Rehwild beim Wechseln vom Waldrevier in Felder und Wiesen die das Revier umgebenden Straßen kreuzen musste. Und da wäre es besser, man erlege ein Reh bevor es bei einem Verkehrsunfall ums Leben käme, der möglicherweise auch noch Menschenleben kosten könne.

Dazu kann ich ergänzen, dass ich oft genug beim Ansitz die Geräusche von Vollbremsungen gehört habe. Manchmal fanden sich dort auch Spuren, die auf einen Wildunfall hinwiesen. Aber gemeldet wurde uns keiner. Als unser Jagdfreund „Buskers Jan“ noch Bürgermeister war, äußerte der mal den Verdacht, dass bei einem alten Auto nach dem Zusammenstoß mit einem Reh der erlegte Braten den Leuten wahrscheinlich mehr wert wäre als die Schramme oder Beule.

Als der Pfingstbock im Hümmling gerade seine letzte hohe

Flucht gemacht hatte, standen auch schon ein paar Jäger an meinem Stück. Ich hatte es nicht einmal bis zum letzten Bissen geschafft, da waren sie schon herbeigeeilt, weil sie natürlich den Kugelschuss gehört hatten. Dann kamen auch bald die Bemerkungen zu meiner Art, das Stück aufzubrechen, zur Schärfe des Messers und zum Öffnen des Schlosses. Und was im Hümmling nicht ungewöhnlich war, zeigte sich darin, dass einige meiner einheimischen Jagdfreunde auch gleich den „Hümmlinger Landwein“ aus der Jacke zauberten. Ich selbst konnte kaum mittrinken, denn ich musste noch am Abend wieder heimfahren, weil ich am anderen Tag Dienst hatte. Ein intensiveres Tottrinken fiel daher sehr zum Bedauern der Westerweger dann auch aus.

Mein Bock wurde natürlich bei der zuständigen Stelle vorgezeigt. Dort behauptete jedoch Hans Heymann, der die Trophäen aus Westerwegen ablieferte, ich hätte den Bock als eindeutig zweijährigen eingestuft und man dürfe mir nicht widersprechen, da ich als ein Biologielehrer aus Münster ja wohl mehr von der Anatomie des Rehwildes wissen müsse als irgend so ein Laie im Emsland. So also kam mein Pfingstbock zu seiner Einstufung „2b“ und war als solcher auf der nächsten Gehörnschau zu sehen. Reaktionen aus dem Zuschauerkreis wurden mir dazu nie übermittelt.

Der Heide-Pfingstbock

war der zweite Bock dieser Reihe und wurde mit viel Arbeit erkauft, denn hier inmitten der Lüneburger Heide hatte ich mehrfach mitgeholfen beim Hochsitzbau. Wenn es dann abends oder am Morgen zum Ansitz ging, hatte ich wohl immer den falschen Platz zugeteilt bekommen, denn einen Rehbock, den ich hätte schießen dürfen und können, gab es dort nie. Und das war hier offenbar nicht ungewöhnlich, was ich allerdings erst viel später von anderen Jagdgästen dieses Revierinhabers erzählt bekam. Da hieß es: „Der Kerl lädt Dich zur Bockjagd ein und Du kannst tagelang im Revier schuften ohne jemals eine Chance auf einen Bockabschuss zu bekommen!“

Nun will ich hier aus Gründen, die viele meiner Jagdfreunde genau kennen, keine Beschreibung des dort ehemaligen Jagdpächters abgeben. Nur soviel sei gesagt, dass dieser Waidmann keine sogenannten Jagdfreunde mehr zum Arbeitseinsatz in die Lüneburger Heide mitnehmen kann, weil man ihm die Lizenz zum Jagen entzogen hat.

Allerdings bleibt zu erwähnen, dass sein Bruder ihm glücklicherweise gezeigt hat, dass er sich nicht für dumm verkaufen lassen wollte. Da war nämlich im Revier ein Bock zu sehen gewesen, der ein Bild abgab, das man nur bei Trophäen aus Osteuropa oder Schweden erahnen kann. Das war kurz vor Aufgang der Bockjagd und der Revierbesitzer hatte verkündet, dass nur er allein dieses Stück strecken würde. Alle anderen hätten im gegebenen Falle den Finger gerade zu lassen. Das sollte auch für den Bruder des Pächters gelten. Doch der dachte gar nicht daran, sich angesichts seiner vielen Arbeitsstunden auch noch Vorschriften machen zu lassen, was den Bockabschuss anging. Er hielt den

Prachtbock für alt genug, was auch stimmte, und erlegte ihn am Ende der Blattzeit wie es sich gehört. Das war natürlich seine letzte Tätigkeit in diesem Revier und er hatte noch Glück, dass sein Bruder ihn nicht verprügelte.

Aber all das geschah einige Zeit nachdem mein dortiger Pfingstbock fiel.

Dieser Bock kam am Pfingstsamstag wider Erwarten auf eine Weide, vor der ich auf einer kleinen Leiter völlig ungetarnt hockte. Direkt vor mir war ein Bahndamm, der an eine Bahnlinie erinnerte, die es nicht mehr gab. Dann kam die Weide und dahinter ein kleines, ziemlich lichtes Gehölz. Aus diesem mehr Buschwerk als Wald zogen bei noch sehr gutem Licht zwei Rehe in mäßigem Trab auf mich zu. Der leichte Wind wehte aus ihrer Richtung zu mir herüber, aber ich war ungetarnt und durfte mich also nicht bewegen.

Ich hatte die beiden Stücke Rehwild gleich richtig, wie ich glaubte, als schwachen Bock und als Schmalreh angesprochen, denn nur auf einem Haupt sah ich neben einem Knopf eine etwa fünf Zentimeter lange und noch ungefegte Stange. Zum Ansprechen hatte ich nicht einmal mein Glas benutzt. Ich musste ja beim Erscheinen von Rehwild sofort fertig zum Schuss sein, weil ich, wie beschrieben, völlig frei dort sitzen musste.

Es gelang mir jedoch, dem offenbar abschussnotwendigen Bock einen Blattschuss anzutragen, sobald er nur noch langsam quer zu mir über die Grünfläche zog.

Der Bock lag im Knall, aber das zweite Stück Rehwild sprang nicht ab. Ich lud fast schon automatisch nach und griff erst dann zum Jagdglas. Und da erkannte ich, dass das vermeintliche Schmalreh ein Böckchen war, das noch weniger auf dem Kopf vorzeigte als das Erlegte.

Im eigenen Revier hätte ich nun erneut geschossen, aber hier ließ ich es bleiben. Das war nach der laut geäußerten Meinung meines Gastgebers völlig falsch. Der raunzte mich an und fragte hämisch, ob ich etwa nur eine Kugelpatrone für meine Waffe mitgenommen hätte.

Als ich dann jedoch den Bock aufgebrochen hatte, half er mir beim Transport in mein Auto und ließ sich sogar dazu herab, meinen sauberen Blattschuss zu loben.

Über das Tottrinken kann ich hier den Bericht sparen, aber was der Bruder meines Gastgebers in der Lüneburger Heide zu den entsprechenden Äußerungen zum Abschuss sagte war dieses:

„Wenn Du beide Stücke geschossen hättest, hätte mein Bruder Dir stinkwütend vorgeworfen, es gäbe auch noch andere Jäger, die gern bei ihm einen Bock schießen würden. Und wenn man auf einen Bock eingeladen worden wäre, dann hätte man gefälligst auch nur einen zu erlegen."

Übrigens bekam niemand mein geschontes Stück Rehwild in diesem Revier jemals wieder zu sehen. Und mein Pfingstbock aus der Heide blieb das einzige Stück Wild, das ich dort erlegte. Es gab hier bald einen anderen Pächter. Nach dem Grund dafür habe ich nie gefragt, aber es lag garantiert nicht an der mangelnden Qualität des Reviers.

Der Pfingstbock in unserem Revier in Eltrup

fiel auch an einem Pfingstsamstag. Ich hatte mich in den Dünen auf der „Hornissenkanzel" angesetzt, die ihren Namen bekommen hatte, nachdem sich dort zwei Mal Hornissen angesiedelt hatten. Wilfried hat sie jeweils mit einem Spray davongejagt, hat den ganzen Hochsitz einge-sprüht und so verhindert, dass sie sich erneut dort ansiedelten, nachdem zum Schluss der jeweiligen Aktion auch der „Wohnraum" der Tiere vernichtet worden war, als wirklich alle Tiere fort waren. Nun könnten Naturschützer uns tadeln, aber was soll man machen, wenn man weiß, dass es wegen der Monokulturen von Mais bald nirgendwo im Revier mehr einen Platz gibt, wo man noch Wild zu sehen bekommt. Biotope für Hornissen gibt es ansonsten wohl in unserem Revier im Altholz genug.

Der mindestens dreijährige Spießer kam gegen neun Uhr links von mir den Hang hinab genau in meinen Wind hinein. Aber da vor ihm ein Schmalreh einwechselte, wollte er dem offenbar imponieren, indem er heftig plätzte, ein paar Sprünge machte und dann ein paar Faulbäume annahm, obwohl er so glatt war, dass ein Fegen nicht mehr notwendig gewesen wäre.

Das Schmalreh zeigte sich offenbar völlig unbeeindruckt und begann sich an unserer Salzlecke zu laben.

Der Bock war ständig in Bewegung, stand selten breit und ständig waren Äste und Gesträuch so im Wege, dass man keinen sicheren Blattschuss antragen konnte.

Ich hatte die Hoffnung schon aufgegeben, als er plötzlich breit zwischen zwei Kiefern stand, wo kein Unterholz im Wege war. Dort fiel der Spießer im Knall.

Mein Freund Jürgen, der auf dem nahen „Hermanns Hochsitz" angesessen hatte, war bald zur Stelle, und das übliche Zeremoniell begann. Nun bin ich inzwischen seit meinem Schlaganfall so eingeschränkt, dass ich ein größeres Stück Wild nicht mehr selbst versorgen kann. Da braucht man gute Freunde, und die waren ja schnell zur Stelle. Jürgen half dabei den Bock zur Hütte zu bringen und dort wurde jener vom Jagdaufseher Wilfried vorschriftsmäßig aufgebrochen, und es vollzog sich nun alles wie früher oder gar so, wie es neue Vorschriften und Richtlinien wollen, derentwegen wir sogar eine Urkunde erwerben mussten, die unsere „Sachkunde" bescheinigt.

Da hat Brüssel wieder einmal mehr Bürokratie in Gang gesetzt, obwohl bei uns ringsum noch nie ein Jäger Wild weitergegeben hat, das nicht einwandfrei für Küche und Teller war. Aber nun sind wir geprüft und damit gewappnet, falls uns mal ein übereifriger Beamter diesbezüglich aufsuchen sollte. Ob es deswegen allerdings weniger wird mit den „Gammelfleisch-Skandalen" muss ich ernsthaft bezweifeln.

Bürokratie von da und dort

Man kann nicht behaupten, dass unsere Hegeringmitglieder ungern zur Jahreshauptversammlung kommen würden, aber beim letzten Mal war der Saal im Hubertushof so voll wie seit Jahrzehnten nicht mehr.

Doch schon draußen beim Suchen einer Parklücke hätte man erahnen können, dass man einen freien Sitzplatz nicht mehr zu schnell finden würde.

Die Ursache des großen Andrangs hatte wieder etwas mit der Jagdbü-rokratie zu tun. Es ist bekanntermaßen so, dass sich die Jäger nicht gerade danach sehnen, mit neuen Gesetzen und Verordnungen konfrontiert zu werden, obwohl das leider immer mal wieder vorkommt.

In diesem Falle ging es um die Wildhygiene. Da muss nun zukünftig jeder Jäger seine Sachkunde nachweisen, wenn er seinem Nachbarn nach der Treibjagd einen Hasen mitbringen will.

Drei bereits sehr sachkundige Jäger brachten am besagten Abend ihren rund 100 Jagdkameraden alles bei, was heute zu tun und zu lassen ist, wenn man ein Stück Wild erlegt hat.

Und wer brav zugehört hatte, erhielt dann auch eine Urkunde, die seine Sachkunde bescheinigt. Einen Rahmen, um diese in seine Diele zu hängen, muss er sich allerdings selbst kaufen. Doch dieser Wandschmuck passt dann gut neben einen Meisterbrief, ein Diplom oder die Bescheinigung, dass man sich zum Beispiel als Arzt in besonderer Weise fortgebildet hat.

Eine Prüfung fand glücklicherweise an diesem Abend nicht statt. Auch Bernhard Schultze am Bach, der schon nach zwei Stunden fest eingeschlafen war, erhielt seinen Schein. Ihm war das sowieso egal, was die da vorn erzählten, denn er war seit fast 50 Jahren Jäger und er würde keine „neuen Mätzchen“ mehr übernehmen, hat er gesagt, als er wieder wach war, und alle Jagdkameraden, egal ob jung oder alt, haben ihm zugestimmt. Und in einem Punkte hatten alle Recht: Im Umkreis von mindestens 50 Kilometern war noch nie jemand nach dem Verzehr von Wild aus hiesigen Revieren krank geworden. Aber wenn in Düsseldorf, Berlin oder Brüssel etwas angeordnet wird, dann hat der nordrhein-westfälische Jäger zu parieren. Eine Prüfung, ob die Gesetze, Verordnungen und Erlasse sinnvoll sind oder nicht, steht ihm nicht zu. Selbst wenn er Anwalt oder Richter ist, hilft ihm das nichts.

Aber selbst letztere haben oft Schwierigkeiten, die behördlicherseits vorgelegten Texte zu begreifen oder gar zu interpretieren.

Als Laie hält man sich am besten bedeckt und meidet den Kontakt mit entsprechenden Dienststellen. Keineswegs anzuraten ist es allerdings zu glauben, das in Sachen Wildhygiene erworbene Papier könne man in irgendeiner Schublade ablegen und dann vergessen.

Es wäre durchaus möglich, dass unsere klugen Gesetzgeber noch eines Tages dafür sorgen, dass man diese Bescheinigung beim neuerlichen Lösen eines Jagdscheines vorzulegen hat. Hinzu kommt dann die amtlich beglaubigte Fotografie des eigenen Waffenschrankes und das Mitbringen mindestens eines Gewehrfutterals, das auch abschließbar ist.

Neulich traf ich den „Jungjägerausbilder“ unserer Jägerschaft, meinen alten Jagdfreund Karl-Hermann Blume und wollte gleich von ihm wissen, was das mit dem neuen Waffenrecht und dem abschließbaren Futteral auf sich hat, in dem auch keine Munition sein darf.

Und da hat mir dieser Sachkundige erklärt, dass diese Bestimmungen dazu dienen sollten, dass man auf dem Weg zur Jagd oder zum Schießstand nicht sofort schussbereit ist, falls man mal von der Polizei angehalten wird, weil die vielleicht nach der Waffenbesitzkarte fragen könnte, oder ob man Alkohol getrunken hat. Das bedeutet also, dass man mit dem Waffengesetz die Polizei vor den Jägern schützen will?

Ich glaube, dass mir da der kluge Karl-Hermann einen Bären aufgebunden hat. Aber wer erklärt mir nun genau und richtig, was hier Sache ist? Ich habe leider noch keinen gefunden!

Doch hierzu gibt es noch eine Ergänzung:

Nachdem ich diesen Text einem Vorstandsmitglied unserer Kreisjägerschaft Münster zur Kenntnis gegeben hatte, schickte er mir eine Ergänzung, die ich hier mit einbauen darf:

Das Thema abschließbares Futteral kann ich noch dahin ergänzen: Auf dem Butterpatt (Schießstand der KJS Warendorf) nimmt ein im Geländewagen angereister Jägerkollege seine Flinte im Futteral aus dem Kofferraum. Ich höre ihn fluchen, weil er das in der Mitte gürtelartig und mit Zahlenschloss versehene Bündel nicht öffnen kann. Meine Frau hat doch gesagt, es sei die 28 ... Mehrere Versuche scheitern und der Schießtermin rückt immer näher. Die anderen warten schon. Doch die Gewehrtasche hat ja auch einen Reißverschluss?! – Klar: am unteren Ende, an der rechten Seite hängt der Zipp. Er lässt sich seitlich und dann nach oben schieben bis die Maserung des Schaftes deutlich und greifbar naheliegt. Mit leichtem Ruck verlässt die Flinte ihre Sicherheitsbehausung und Willy schließt sich grinsend der Rotte an. Das Sicherheitsschloss hält, hundertprozentig!

Hubertus und die Sache mit dem Drilling

Zwei Männer standen vor der Haustür von Hubertus von Dianashausen und wiesen sich als Bedienstete der Kreisverwaltung aus und einer von ihnen sagte: „Sie sind Mitglied im Landesjagdverband. Wir haben die Liste aller Mitglieder mit allen die Jagd betreffenden Daten. Ergänzt wurden für uns die Daten von der Polizeidirektion. Wir wissen also alles von Ihnen, was Jagd und Waffen angeht und möchten nun gezeigt bekommen, wie Sie in Ihrem Hause Waffen und Munition aufbewahren! Das Präsidium Ihres Jagdverbandes hat ja dieser möglichen Maßnahme zugestimmt, da werden Sie ja wohl nicht etwa was dagegen haben!?"

Der 80 Jahre alte Jäger Hubertus von Dianashausen war nicht sehr erstaunt über die Mitteilungen der beiden Beamten, die ihn morgens um 8 Uhr 30 beim Frühstück gestört hatten. In jüngster Zeit war im Innenministerium schrittweise jeglicher Datenschutz, ja zum Schutze gegen Terrorismus, liquidiert worden.

Hubertus hatte jedoch vor, nun erst einmal sein Frühstück in Ruhe zu beenden. Danach musste er zum Zahnarzt und dann beim Büchsenmacher in Münster seinen Drilling abholen, der dort zur Reparatur war.

Das hätte er jetzt nicht sagen dürfen, denn die beiden Beamten fragten sofort nach einer Eintragung des Büchsenmachers in der Waffenbesitzkarte, die von der Kreispolizeibehörde beglaubigt worden wäre. Die hatte Hubertus natürlich nicht in seinem Hause vorliegen.

Hätte Hubertus die Beamten mit einem Hinweis auf Artikel 13 des Grundgesetzes, also die Unverletzlichkeit der Wohnung, wieder ins Amt zurückgeschickt, so hätte das zunächst zum Erfolg geführt.

Da liegt jedoch die Betonung auf „zunächst“, denn würde ein Waffen- und Munitionsbesitzer dieses Argument wiederholen, so könnte man ihn möglicherweise als nicht zuverlässig einstufen und die Berechtigung zum Führen einer Waffe in Frage stellen.

Nun hatte Hubertus als ehrliche Haut die Sache mit dem Drilling erwähnt, und schon hatte man ihn beim Wickel.

Er wurde am anderen Tage ins zuständige Amt bei der Kreisverwaltung einbestellt und zwar zu einem Zeitpunkt, der ihm gar nicht passte.

Man würde am anderen Tage in den Diensträumen noch einmal höchst amtlich feststellen, dass eine der Waffen in der Waffenbesitzkarte, deren Kopie die amtlichen Herren mit sich führten, nicht da war, wo sie zu sein hatte, nämlich im amtlich genehmigten Waffenschrank. Das genügte den Amtspersonen!

Sie beschlagnahmten schon einmal sowohl die Waffenbesitzkarte wie auch den Jagdschein von Hubertus. Dann forderten sie über Funk einen Mitarbeiter der Kriminalpolizei an, der den Waffenschrank im Haus mit einem Siegel so schließen sollte, dass auch Hubertus ihn selbst mit seinem Schlüssel nicht mehr öffnen durfte.

***

Nachdem Hubertus von diesem Albtraum erwacht war, rief er gleich bei seinem Büchsenmacher an, um die wahre Rechtslage zu klären. Aber der Handwerksmeister war kein Rechtsanwalt, wie er betonte. Allerdings war das Eintreffen des Drillings ordnungsgemäß mit allen Waffendaten bei ihm im nagelneuen Ordner eingetragen worden.

Gerüchte besagten, so erzählte es der Büchsenmacher dann seinem Kunden, es würde seitens seiner Stadtverwaltung in Jagnichtshausen schon überlegt, ob man nicht einen der alten Bunker aus dem Zweiten Weltkrieg zu einem zentralen Waffenlager für die Jäger machen könne. Dort würden dann alle Waffen untergebracht – gegen eine entsprechend hohe Gebühr natürlich – und auch die Munition sollte dort gelagert werden.

Hier wäre die Stadt auch noch der Meinung, die Jäger könnten auf Dauer ihre Munition dort vor der Jagd erwerben, um die nicht genutzten Patronen natürlich auch wieder dort hinzubringen.

Angedacht sei auch schon, dass über jede verschossene Kugelpatrone Buch zu führen sei und die Hülsen vorgezeigt werden müssten.

Im Bunker sollte eine neue Waffenbehörde ihren Sitz erhalten. Auf diese Weise würde es ungefähr 50 neue Verwaltungsarbeitsplätze geben, die aus der deutlich erhöhten Jagdabgabe der Jäger finanziert werden sollten.

Nachbarkreise im Umland sollten sich hier natürlich beteiligen. Dass den Jägern dann Fahrtkosten entstünden sei unerheblich, da diese ja ohnehin ständig unterwegs seien und für die Sicherheit der Bevölkerung auch zu Opfern bereit sein müssten.

Nachdem sich Hubertus von Dianashausen das alles angehört hatte, war er fast glücklich über sein hohes Alter. Da würde ihm einiges in Zukunft erspart bleiben.

Für seine Söhne und Enkel war das ohnehin nicht von Bedeutung, denn sie hatten sich bis heute strikt geweigert, eine Jägerprüfung zu machen. Sie wollten lieber das wenige lebendige Wild betrachten und ihr Fleisch beim Metzger kaufen, falls sie überhaupt noch tote Tiere verzehren würden.

Nun fand auch Hubertus selbst diese Ansicht durchaus akzeptabel.

***

Weiter geht's gereimt und fröhlich

Der Blattschuss

Auf der Kanzel im Reviere
Saßen einst der Jäger viere.
Nebst Patronen in den Taschen
Hatten sie auch Weinbrandflaschen,
Die sie zu Dianas Ehren
Gleich begannen ganz zu leeren.

Dann kam, das ist keine Dichtung,
Auch ein Hirsch dort auf die Lichtung.
Und die Jäger Eins, Zwei, Drei
Schossen allesamt vorbei.
Jäger Vier, total besoffen,
Hat das arme Tier getroffen.

Und drei Jäger, die da hocken,
Sind nun völlig von den Socken.
Jäger Vier hat nur gelacht:
„Seht ihr, so wird das gemacht!
Bei dem Rudel war's zu hoffen,
Dass ich ein Stück hab‘ getroffen!

Die zwölf Hirsche dort zu fehlen,
Das will ich euch nicht verhehlen,
War für euch doch sehr blamabel.
Nur mein Blattschuss war passabel!
Lasst uns nun den Hirsch aufbrechen
Und dann erst mal fröhlich zechen!“

Der alte Rehbock

Es saß dies‘ Jahr der Jäger Fritz
Ein Vierteljahr hoch auf dem Sitz,
Um dort, wo frische Halme sprießen,
Den alten Rehbock nun zu schießen.

Doch saß der Fritz auf seinem Sitz,
Dann kriegte das der Rehbock spitz.
Er suchte sich dann auf die Schnelle
Zum Äsen eine and’re Stelle.

Den Fritz zierte kein Bruch am Hut,
Doch er geriet im Herbst in Wut,
So habe ich es jüngst vernommen,
Als dann die Schonzeit war gekommen.

Der Bock kam nun an jedem Abend,
Sich an den frischen Halmen labend,
Die dort nicht weit vom Hochsitz sprießen.
Doch durfte Fritz ihn nicht mehr schießen!

Das Schüsseltreiben

Nach „Hahn in Ruh“ noch im Revier
Und wenn verblasen jedes Tier,
Ist für den Tag die Jägerei
Nur draußen erst einmal vorbei.
Im Haus, das muss ich euch beschreiben,
Folgt nun das große Schüsseltreiben.

Man stillt den Hunger und den Durst,
Isst Grünkohl mit viel Speck und Wurst
Und trinkt den Schnaps und reichlich Bier,
Denn trocken war's heut' im Revier.
Die Tags verspürte frische Luft
Ersetzt nun der Zigarrenduft.

Dann wird nach reichlich fettem Essen
Die Tradition auch nicht vergessen.
Der Jagdherr sagt den Leuten dann
Für heut' den Jagdkönig an.
Und weil ihm einer scheint nicht viel,
Gibt's noch den Vize bei dem Spiel.

Die beiden sorgen nun für Stunden
Mit immer wieder neuen Runden,
Dass alles Wild, das wurd' getroffen,
Nun einzeln wird auch totgesoffen.
Und der, der schoss zu viel daneben,
Muss auch hier seine Runde geben.

Die Jäger singen frisch und froh
Auch jedes Mal ihr „Horrido!"
Und dass man's immer wieder hört,
Heut' nicht einmal die Wirtsleut' stört.
Schon bald ist wieder 'n Fässchen leer,
Da stört auch der Gesang nicht mehr.

Doch manchen, das weiß man genau,
Stört in der Nacht die Jägersfrau,
Die, weil's Erfahrung hat empfohlen,

Kommt bald den Jäger abzuholen.
Und wenn der sich auch wehrt die Nacht,
Wird er nun schnell nach Haus‘ gebracht.

Die andern schlucken weiter munter
Die Absacker noch schnell herunter,
Bis auch der letzte Jäger dann
Nur noch nach Hause schaukeln kann.
Doch andern Tags stellt er dann klar,
Dass das ein toller Jagdtag war.

Selbst wenn ihn auch ein Kater plagt
Und ihm sein Magen nicht behagt,
Weil der, was gestern er geliebt,
Jetzt zu schnell wieder von sich gibt,
Weiß er schon heute zweifelsfrei:
Auch's nächste Mal ist er dabei!

Der Hase

Der Hase sagt zur Häsin: „Siehste?
Wir steh'n jetzt auf der roten Liste.
Wir sind vom Untergang bedroht.
Da tut noch mehr Vermehrung Not!"

Doch nun war grad‘ im Blatt zu lesen,
Dass der Besatz sei gut genesen,
So dass zu Ostern die Gefahr
Von Hasenmangel keine war.

Der Mensch kann drum mit Ostereiern
Von Osterhasen Ostern feiern.
Man sieht jetzt wie die Hasen laufen
Und lässt sich nicht für dumm verkaufen.

Es können auch in uns'ren Tagen
Die Jäger weiter Hasen jagen.
Doch eh' sie sich mit Skrupeln quälen,
Sollten sie den Besatz erst zählen.

Und wer ein alter Hase ist
Und Sprichwörtern noch Wert beimisst,
Weiß, wenn er Hasenbraten kriegt,
Wo dieses Tier im Pfeffer liegt.

Das Häschen, das mit ganz viel Rasse,
Im Bett liegt statt in einer Sasse,
Gehört nicht zur Zoologie.
Und schießen darf's der Jäger nie!

Der Superhund

Am Stammtisch sprach der Jäger Bolz:
„Mein Jagdhund ist mein ganzer Stolz!
Er sucht sehr gut und von Natur
Bleibt er stets auch in der Spur.

Und wenn man ihn ans Wild ranlässt,
Dann steht er vor ganz bombenfest.

Er hat Appell und garantiert
Ist, dass er alles apportiert.“

Drauf denkt ein Jagdherr, was soll’s schaden?
Und hat zum Jagdtag eingeladen
Den Jäger Bolz in sein Revier
Mitsamt dem Hund, dem Supertier!

Am Jagdtag bei dem ersten Treiben,
Es lässt sich wahrlich kaum beschreiben,
Da rast der Hund gleich los als wär’ er
Angestellt hier als Fernaufklärer.

Weit weg, wo gar kein Jäger steht,
Sieht man, wie all das Wild abgeht.
Herr Bolz schreit sich die Kehle heiß,
Der Hund’s zu ignorieren weiß.

Der Superhund hat nach zwei Stunden
Sich endlich wieder eingefunden.
Da war man schon im vierten Treiben,
Und der Herr Bolz wollt‘ nicht mehr bleiben.

Man fand ihn dort zu dieser Stund‘
Alsbald beim Heimweg mit dem Hund.
Herrn Bolz mit Superhund sah hier
Kein Mensch noch mal in dem Revier.

Diana

Wenn Diana huldvoll lächelt,
Hunden Witterung zufächelt,
Ist ein Jagdtag angesagt,
Wo man nicht vergebens jagt.

Schickt Diana Sturmgebraus,
Bleibt der Jäger brav zu Haus‘,
Sitzt bei Bier und Kartenspiel,
Denn zu jagen gibt’s nicht viel.

Hat Diana über Nacht
Unserm Lande Schnee gebracht,
Ist die Göttin sehr zu loben,
Denn nun sind die Füchse oben.

Scheint dazu der helle Mond,
Sich der Sauenansitz lohnt,
Falls Diana voll der Gnade
Schickt die Sau zum rechten Pfade.

Falls Diana dir nicht hold,
Weil du ihr kein Lob gezollt,
Dann, mein lieber Jägersmann,
Ruf‘ den St. Hubertus an!

Hasenbraten

Die Jäger war'n beim Schüsseltreiben.
Das braucht man nicht zu lang beschreiben.
Da wurd' geprahlt und auch gelogen,
Dass sich im Dach die Balken bogen.

Doch das zu sagen ist gemein,
Denn man sprach schließlich nur Latein,
Wie es sich nach der Jagd gehört.
Doch jüngst hat sich ein Gast empört.

Er nahm die Jäger mächtig an,
Schimpft', wie man Tiere schießen kann,
Das sei doch wohl nicht zu fassen.
Man sollt' sie bitte leben lassen!

Dann kam der Kellner zu dem Herrn
Und fragt': „Was möchten Sie denn gern?"
Der Kerl bestellt, hätt'st du's erraten?
Tatsächlich für sich Hasenbraten.

Erst macht' er Krach dort in dem Haus
Und schimpft' die Jäger mächtig aus.
Dann stopft' er's Wild sich in den Magen.
– Was willst du solchen Leuten sagen?

Fragen an St. Hubertus

St. Hubertus, sage mir,
Gibt's da drüben ein Revier,
Wo der wieder gerne jagt,
Den hier arg das Rheuma plagt?

Oder wird der so Geplagte
Drüben gar noch der Gejagte,
Den die Tiere dort dann treiben?
Kannst du mir das nicht beschreiben?

Sollten bei dir gar die Hasen
Zu der Jagd auf Jäger blasen?
Sollten Rehe uns mal eben
Dort den letzten Bissen geben?

Ist bei dir im Paradies
So ein Jägerleben mies,
Weil die Tiere Rache üben?
Das würd' mich doch arg betrüben.

St. Hubertus, tu mir kund,
Ob dort drüben wohl mein Hund
Mich so durch Reviere hetzt,
Wie ich's tue mit ihm jetzt?

St. Hubertus wird im Leben
Mir wohl keine Antwort geben.
Ob ich, eh' ich ihn verklage,
Besser dann Diana frage?

Hab‘ ich wirklich letzte Nacht
Über all das nachgedacht?
Aufgewacht am hellen Tage,
Stell‘ ich keine weit’re Frage.

Aber nun spür‘ ich es doch,
Eine Frage bleibt mir noch:
St. Hubertus, sag mir offen,
War ich wirklich so besoffen?

Gar lustig ist die Jägerei

Ein Jäger pirscht durch einen Wald,
Es schneit und auch der Wind weht kalt.
Er will es nicht verstehen:
Das Wild lässt sich nicht sehen!

Es warten weder Reh noch Hirsch
Auf unsern Jäger auf der Pirsch.
Kein Wildschwein kreuzt des Waidmanns Pfad,
Nicht mal ein kleines Häschen naht.

Und fleht er auch voll Ungeduld
Um Jagdgöttin Dianas Huld,
Sie mischt sich da nicht ein
Und lässt den Kerl allein.

Er kehrt zurück ins Jägerhaus,
Wo im Kamin das Feuer aus,

Und wo er merkt sehr bald:
Nicht nur der Schnaps ist kalt.

Er schleppt nun hurtig Holz herbei,
Denn lustig ist die Jägerei
Bestimmt nicht ohne Feuer
Und außerdem sehr teuer.

Viel Geld kostet ihn sein Revier
Auch ohne Treibjagd mit viel Bier.
Heut‘ sieht's der Jäger ein:
Er ist ein armes Schwein.

Kein Jagdglück gab's mit Ruhmestaten,
Und seine Frau kauft sich den Braten
Auch heute in der Metzgerei:
Gar lustig ist die Jägerei!

(aus „Nimm 's leicht und lächle")

Jägerlatein ist nichts für Laien

Ist über Jäger auch im Land
Als üble Nachrede bekannt,
Sie lögen nur zu allen Zeiten,
Muss ich energisch das bestreiten!

Zwar wird bei Jägern, meine Lieben,
Gelegentlich mal übertrieben,

Doch müsst ihr euch der Wahrheit fügen,
Dass Jäger nun partout nicht lügen!

Münchhausen würd' uns Vorbild sein?
Wer das behauptet ist ein Schwein,
Ein Hauptschwein aus dem tiefsten Wald.
Doch so was lässt uns trotzdem kalt.

Zwar kann es bei den Laien sein,
Dass sie der Jägerschaft Latein
– Ganz kritisch hier nun mal besehen –
Aus Dummheit einfach nicht verstehen.

Fallen beim Schrotschuss dreizehn Tauben,
Mag das ein Laie wohl nicht glauben.
Den Jäger wundert so was kaum.
Der schießt selbst fünfzehn aus dem Baum.

Wiegt mal ein Hase zwanzig Pfund,
Wird dieser Fall dann richtig bunt,
Wenn ihn ein Teckel apportiert!
Da ist kein Jäger irritiert!

Wenn da mal bei der Strecke liegt
Ein Wildschwein, das acht Zentner wiegt,
Ein Erpel fliegt mit Tempo Hundert,
Ist hier ein Waidmann nie verwundert.

Misst mal beim Rothirsch ein Geweih
Pro Stange rund der Meter zwei,
Trifft man den Gams auf tausend Meter,
Macht nur ein Laie hier Gezeter.

Ein Jäger weiß, wie's ist gemeint,
Wenn Waidleut', die beim Bier vereint,
Sich ihre großen Taten schildern
In manchmal reichlich bunten Bildern.

Wir reden da nicht durch die Blume,
Denn schon im fernen Altertume
Saß die beim Hasen überm Loch.
Da bleibt sie auch, kapiert das doch!

Jägerlatein ist nichts für Laien!
Ja, Leut', da müsst ihr mir verzeihen,
Wenn ich euch's sag' grad ins Gesicht:
Jägerlatein versteht ihr nicht!

Förster Franz

In einem Dorf im Münsterland
Hat man den Förster Franz gekannt
Als Waidmann ohne Fehl und Tadel,
Der Dienst dort tat beim hohen Adel.

Er hat das Wild sehr brav gehegt,
Die Forsten waren gut gepflegt,
Doch sage ich dazu noch offen:
Der Kerl war häufig arg besoffen.

Drum sorgte sich sein Arbeitgeber
Mit Recht wohl sehr um Franzens Leber.

Er bat den Franz Zeit seines Lebens
Um Mäßigung – jedoch vergebens.

Franz tat zwar brav stets seine Pflicht,
Doch ließ er auch das Saufen nicht.
Und als man fand ihn tot im Wald,
War er knapp sechzig Jahre alt.

Er hatte weder Weib noch Kind,
Doch man erfuhr dann sehr geschwind,
Dass er, was auf Verwund'rung stieß,
Ein Testament doch hinterließ.

Das galt, man konnte es ja ahnen,
Ausschließlich seinen Saufkumpanen.
Was diese erbten – viel war 's nicht –
Verband der Franz mit einer Pflicht.

Am Sonntag – so stand's aufgeschrieben –
Da sollten immer seine Lieben,
Nachdem sie's Wirtshaus dort verließen,
Ein Schnäpschen auf sein Grab gleich gießen.

Und Gerd und Fritz, die das vernommen,
Sind stets dann brav zum Grab gekommen.
Das lief so – wie ich es vernahm –
Bis Fritz dann ein Gedanke kam.

Er sprach zu seinem Jagdfreund Gerd:
„War uns der Franz auch lieb und wert,

Wird er doch nichts dagegen haben,
Dass wir uns an dem Schnaps erst laben.

Wir lassen alles, was wir saufen,
Zunächst mal durch die Nieren laufen,
Und wenn wir ’n Schnaps gefiltert haben,
Kann sich der Franz im Grab dran laben.

Er wird es ohnehin nicht merken,
Wie wir so seine Blumen stärken.
Nur können wir fortan im Hellen
Uns nicht mehr an sein Grab hier stellen.“

Hat Förster Franz das wohl gehört?
Ist er wohl möglich gar empört?
Ich glaube mehr, er wird dort oben,
Die Klugheit seiner Freunde loben.

Gülle

Der Fuchs war wieder gründlich sauer
Und schimpfte: „Der verdammte Bauer
Hat mir mit seiner Gülleplage
Das ganze Feld, auf dem ich jage,
Heut‘ wieder mal mit aller Macht
Zu einem Stinkrevier gemacht.

Da macht das Jagen keinen Spaß!
Die Mäuse sind jetzt nicht nur nass,
Sie schmecken auch zum Kotzen!“

So hört‘ den Fuchs man motzen.
Er schnürt‘ zurück in seinen Bau,
Da motzt‘ die Fähe, seine Frau.

Sie jagt hinaus schnell ihren Mann,
Weil sie ihn nicht mehr riechen kann!
Den Fuchs hat das gar sehr empört,
Worauf er grimmig Rache schwört.
Und diese gilt in ganzer Fülle
Dem Bauern wegen dessen Gülle.

Der Fuchs konnt‘ auf dem Feld nicht jagen
Und wollt‘ am Bauernhof es wagen.
Dort war der Bauer nicht zu Haus‘.
Er fuhr schon wieder Gülle aus.
Der Fuchs nahm furchtbar an ihm Rache
Und holt‘ drei Enten ihm vom Bache.

Als er die bracht‘ zu seinem Bau,
Da war zufrieden seine Frau
Und hat mir ihren Jungen
Ein Loblied ihm gesungen.
Und als die Enten aufgefressen,
War auch die Gülle bald vergessen.

Bleib im Wald, mein Füchslein rot
(Rückblick auf ein Kinderlied)

Bleib im Wald, mein Füchslein rot,
Sonst schießt dich der Bauer tot.

Unser Bauer weiß genau,
Dass du Junge hast im Bau.
Drum warst du nun schon seit Tagen
Ständig bei ihm Hühner jagen.
Und er findet das nicht fein,
So die Hühner los zu sein.
Lieber würd' er die verkaufen,
Die noch auf dem Hof rumlaufen.
Er sagt, du machst ihm Schaden,
Und er will die Flinte laden.
Blei und Pulver stehn parat.
Darum geb' ich dir den Rat,
Hüte dich vorm Bauernhaus,
Schau im Wald nach Mäusen aus.
Und sind die dir auch zu klein,
Lass das Hühner jagen sein!

Bleib im Wald, mein Füchslein rot,
Sonst schießt dich der Bauer tot.
Dass er keinen Jagdschein hat,
Weiß kein Richter in der Stadt.
Darum fürchte seine Flinte,
Sonst färbt dich die rote Tinte,
Und dann bist du tot,
Liebes Füchslein rot.

Halali

Zwei Jäger trafen sich im Wald.
Dabei hat’s zwei Mal laut geknallt.
Darauf haben rund 20 Hasen
Das große Halali geblasen.

Treibjagd

Den „Fürstengruß“ bringt’s Bläserkorps,
Der Jagdherr trägt noch kurz was vor.
Hat er, was wichtig war, gesagt,
Ertönt auch schon „Aufbruch zur Jagd“.

Dem Fuchs und Hasen fällt gleich ein:
Heut’ darf man wach und flink nur sein!
Die Jäger trinken noch ’nen Schnaps,
Und gleich darauf geht’s in den Raps.

Und seht, ein Drahthaar steht schon vor.
Dann schreit gleich „Hahn!“ ein ganzer Chor.
Aus sieben Flinten hat’s geknallt.
Gesund erreicht der Hahn den Wald.

Die Jäger schauen hinterher
Und nehmen sich dann das Gewehr,
– Geht’s mal vorbei, ist das kein Schaden –
Es wird gleich wieder nachgeladen.

Und gleich hört man es wieder knallen.
Den Hahn sieht man tatsächlich fallen.
Und wieder ist der Drahthaar dran.
Er bringt das Wild dem Jägersmann.

Darauf gibt es auf den Schwarm Tauben
Ein Trommelfeuer, kaum zu glauben!
Und ohne Hund will jemand suchen.
So geht das nicht! Da hilft kein Fluchen!

Ein guter Hund kommt schon heran,
Der auch sein „Such verloren“ kann,
Er bringt die Tauben seinem Herrn.
So sieht's ein jeder Jäger gern!

Wie es dann weitergeht am Tag
Und was noch kommt so Schlag auf Schlag,
Braucht man hier wohl nicht zu beschreiben.
Am Abend folgt das Schüsseltreiben.

Sodann, wie könnt's auch anders sein,
Spricht dort ein jeder nur Latein.
Denn Lügen tut ein Jäger nie
Beim Waidmannsheil und Halali!

Zufriedenheit

Ein Kanten Brot, ein Stückchen Wurst,
Ein Fläschchen gegen seinen Durst
Und Weib und Kind weit weg zu Haus.
So hält's der Jäger draußen aus.

Hubertustag

Hubertustag ist Jägertag,
Wo jeder gerne jagen mag.
Doch, liebe Leute, hört und seht,
Wie's dabei heut' dem Jäger geht.

Der Fuchs hört morgens schon Radau,
Drum bleibt er lieber nun im Bau.
Und bläst man auch die Treibjagd an,
Dem Fuchs so nichts geschehen kann.

Im Jahr vorher um diese Zeit
War's mit der Treibjagd auch so weit.
Im Fuchsbalg, das ist leider wahr,
Sind Schrote noch vom letzten Jahr.

Und wartet auch der Jäger drauf,
Der Fuchs kommt ihm nicht vor den Lauf.
Und es wird ihn gewiss verdrießen,
Dass es gibt wenig nur zu schießen.

Das viele Wild aus alter Zeit
Sucht man vergebens weit und breit.
Das wurde längst hinweggerafft
Durch Krankheit und die Landwirtschaft.

Dabei sind hier nun unsre Bauern
Tatsächlich nur noch zu bedauern,
Weil Brüssel ihnen nun vorschreibt,
Was noch zum Anbau übrigbleibt.

Statt Überbleibseln von Natur
Herrscht überall Monokultur.
Wo man einst konnt' jagen gehn,
Sieht Straßen man und Häuser stehn.

Dem alten Fuchs ist das egal.
Ihn stört hier nicht der Jäger Qual,
Auch Brüssel nicht und die EU.
Er wartet nur auf 's „Hahn in Ruh".

Fasanenjagd

Fasanenjagd! Die Hähne fliegen
Eh‘ sie gleich bei der Strecke liegen,
Und unter ihnen, wie ich’s kenne,
Auch wiederum so manche Henne.

Zwar hat der Jagdherr heut‘ betont,
Dass er die Hennen gänzlich schont.
Doch manche Henne ist verendet,
Weil’s Licht den Jäger hatt’ geblendet.

So sprechen gern die Hennenschützen,
Doch wenig wird es ihnen nützen.
Auch wenn die Treiber „Hahn!“ laut schrien,
Wird so ein Fehlschuss nicht verziehen.

„Die Hennen, die zum Schuss dich reizen,
Die kosten einen Zentner Weizen
Und abends auch noch eine Runde!“
So tönt es aus des Jagdherrn Munde.

„Der Weizen wird fürs Wild verfüttert.
Wenn auch der Hennenschütze knüttert,
So tat er doch auf diesem Wege
Was für die winterliche Hege.“

Wenn unser Jagdherr heut‘ so spricht,
Verheimlicht er uns dennoch nicht,
Dass ihm die Hennenschützen nützen,
Weil sie vor hohen Kosten schützen.

Drum wird er nie im Jägerleben
Den Hennenabschuss frei uns geben,
Weil er in diesem Falle dann,
Den Weizen nicht einfahren kann.

Mit dem schützt er Fasane hier
Vor Winters Unbill im Revier,
Wo wir an manchen schönen Tagen
Im nächsten Jahr sie wieder jagen.

Zukunftsideen

Für seine Zeit im Ruhestand
Hatte er viel‘ Ideen.
Er wollte in so manchem Land
Dann auf die Jagd noch gehen.

Wollt‘ schießen auf der Berge Gipfel
Noch Gams und Murmeltier.
Der Auerhahn auf Baumes Wipfel
Wird‘ zur Trophäenzier.

Er träumte gar vom Karibu
Im fernen Kanada.
Zählt Antilopen noch hinzu
Wohl aus Namibia.

Die großen Elche dort in Schweden
Die würde er erlegen.

Sogar vom Bären hört‘ man reden
Ihn mutig und verwegen.

Der Pensionär hat nirgendwo
All dieses Wild gestreckt.
Mit seinem Enkel hat im Zoo
Er‘s wieder neu entdeckt.

Ostfriesenjäger Otto

„Was im Grase sich bewegt,
Wird von mir sogleich erlegt!“
Jagen tat nach diesem Motto
Der Ostfriesenjäger Otto.

Und so bracht‘ der blonde Recke
Auch so allerhand zur Strecke
Wie ein Huhn von seiner Tante,
Das durchs hohe Gras mal rannte.

Ebenso traf er zwei Ratten,
Die ihn nicht gesehen hatten.
Er schoss auch auf Haubenlerchen
Und traf mal ein Liebespärchen.

Das heißt, dass es war wohl so,
Dass er traf des Mannes Po,
Den er leicht mit Schrot durchsiebte
Als der Mann sein Mädchen liebte.

Der ist daran nicht gestorben,
Doch der Tag war ihm verdorben,
Liebe macht im grünen Gras
Nicht mit Schrot im Hintern Spaß.

Einst wollte Otto Robben jagen,
Als die auf einer Sandbank lagen.
Doch als die Tiere er gefunden,
Sind sie im Wasser schnell verschwunden.

Es machte Otto auch viel Wonne
Das Enten jagen aus der Tonne.
Doch einmal kam zu früh die Flut.
Das war für Otto gar nicht gut.

Die Tonne ist ins Meer geschwommen
Und hat den Otto mitgenommen.
Seither sind in Greetsiel und Aurich
Wohl manche Leute etwas traurig.

Rabe und Fuchs

Der Rabe, der gemäß der Fabel,
Verlor sein Futter aus dem Schnabel,
Weil ihm der Fuchs mit Sprüchen kam,
An dem jüngst furchtbar Rache nahm.

Der Fuchs war auf die Pirsch gegangen
Und wollt' den alten Hasen fangen.

Da hat der Vogel – ihr dürft's wissen –
Dem Fuchs flink auf den Fang geschissen.

Der Rabe machte dabei Krach
Und auch den alten Hasen wach.
Der konnt' sich unter lautem Lachen
Ganz hurtig da vom Acker machen.

Der Rabe ist davon gestrichen.
Die alte Rechnung war beglichen.
Und wüsste das nun auch Äsop,
Bekäm' der Rabe von ihm Lob.

Schwieriger Fall

„Ich will hinaus mit meinem Hund,
Denn nur die Jagd hält mich gesund!
So spricht mein Mann am Samstagmorgen.
Doch ich mach' mir nun langsam Sorgen.

Denn niemand weiß, was er da treibt,
Wenn er nachts in der Hütte bleibt.
Genießt er wirklich Waldesluft?
Oder betrügt mich dort der Schuft?"

Des Waidmanns Weib der Zweifel plagt,
Doch hört nun, was der Jäger sagt:
„Fahr' samstags ich zur Jagd hinaus,
Lass ich die Frau allein zu Haus'.

Ich weiß nicht, ob sie in der Stadt
Nicht längst schon einen Hausfreund hat.
Mit wem wird sie es dort wohl treiben?
Sollt' besser ich daheim doch bleiben?"

Der Fall ist wirklich nicht zum Lachen!
Da lässt sich wohl nicht viel mehr machen,
Als dass man ihn schickt wie auch sie
Zum Facharzt für Psychiatrie.

Der Jagdkönig

Vor der Treibjagd im Revier
Sagte Xaver jüngst zu mir:
„Der Herr Baurat ist ein Mann,
Den ich gut gebrauchen kann.

Wenn ich Angebote mache,
Ist das immer seine Sache,
Alles schön so hinzubiegen,
Dass wir dann den Auftrag kriegen.

Weil's der Firma nicht kann schaden,
Wird er immer eingeladen.
Doch der Sache mehr zu nützen,
Brauch' ich einen guten Schützen.

Der muss nun in jedem Treiben
Neben diesem Baurat bleiben,

Weil der sonst patente Mann
Leider nicht gut schießen kann.

Gönne ihm ein wenig Glück
Und schieß‘ mit auf jedes Stück,
Ruf‘ dann laut und zieh‘ den Hut:
‚Waidmannsheil! Der Schuss war gut!‘

Hat er wenig selbst getroffen,
Können wir so darauf hoffen,
Dass wir abends diesen Knaben
Doch als Jagdkönig dann haben.“

Mit dem Spruch hat's angefangen,
Und es ist auch so gegangen,
Dass beim Treiben dieses Jahr
Der Herr Baurat König war.

So wurd‘ dieses Ding gemeistert,
Und der Baurat war begeistert.
Und es steht wohl außer Frage:
Gut bleibt Xavers Auftragslage!

Verlorene Scheine

Auf einem Baum ein Kuckuck saß.
Der hatte noch am Leben Spaß
Bis dass ein dummer Jäger kam
Und ihm brutal das Leben nahm.

Der Jäger fühlte sich ganz groß.
Dann wurde er den Jagdschein los.
Hört er nun mal den Kuckuck schrei'n,
Dann fällt ihm seine Dummheit ein.

Der Kuckuck wurd' zwar präpariert,
Doch hat er keine Wand geziert.
Das war dem Jäger doch zu dumm.
Er schenkt' ihm dem Gymnasium.

Dort dient er nun dem Unterricht,
Und man kennt die Geschichte nicht
Vom Jäger, diesem Riesenross,
Der diesen armen Vogel schoss.

Dem Angler Albert ging es schlecht.
Er fing vorm ersten Mai den Hecht.
Als Schonzeit war bei diesen Fischen
Ließ sich der dumme Kerl erwischen.

Jetzt stehen seine Angelruten
Mitsamt den Blinkern, den ganz guten,
Nur ungenutzt in einem Schrank.
Die Fische rufen: „Petri Dank!"

Dem Autofahrer hat's gestunken,
Dass man ihn hat rechts ran gewunken,
Als er grad' quer durch die Natur
Im dicken Kopf nach Hause fuhr.

Den Führerschein hat er nicht mehr
Und außerdem missfällt ihm sehr,
Dass seine Frau nun unbeschwert
Sein Auto durch die Gegend fährt.

Da sind, das ist ja das Gemeine,
Im Menschenleben manche Scheine,
Deren Wert der erst recht erkennt,
Der sie nicht mehr sein Eigen nennt.

Gibt‘s, fiel mir jüngst dazu nun ein,
Auch bei Politikern so’n Schein?
Dann gäb’s doch sicher eine Stätte,
Wo man die schon gestapelt hätte.

Dann liefe mancher ziemlich dumm,
Doch sicher ohne Schein schon rum.
Doch leider, was mich tief berührt,
Hat man *den* Schein nicht eingeführt.

Beim Jäger Neureich

Mit Häuslebauern machte Geld
Herr Neureich, ganz ein Mann von Welt.
Er hatte sich was ausgedacht
Und das zu Kapital gemacht.

Die Firma, so wurd‘ es verkündet,
Die der Herr Neureich jüngst gegründet,

Kauft‘ und verkauft‘ auch Grund und Boden
Und er als Boss trug grünen Loden.

Er dachte, man würd‘ ihn mehr achten,
Wenn er ‘ne teure Jagd tät‘ pachten.
Er hatte quasi über Nacht
Im Internet den Schein gemacht.

Für die drei Jahre Wartezeit
Stand auch ein Strohmann schnell bereit.
Herr Neureich lud – gedruckt sehr fein –
Bald Prominenz zur Drückjagd ein.

Herr Neureich kam frisch eingekleidet,
Doch wurd‘ er keineswegs beneidet.
Die Jäger, die er eingeladen,
Sah’n zünftig aus von Kopf bis Waden.

Da trug manch Alter lange schon
In altbewährter Tradition
Den Loden, den vor Jahr und Tagen
Der Vater schon zur Jagd getragen.

Die Stiefel boten schiefe Hacken,
Die Hose grob genähte Macken,
Und der schon arg lädierte Hut
Passte zu allem wirklich gut.

Neureich die Blicke auf sich zog.
Wie ’n „Dressman“ aus dem Katalog.

Man sah, dass er noch nie fürwahr
Mit dieser Kluft mal draußen war.

Dann, ehe diese Jagd begann,
Begrüßt‘ Herr Neureich alle Mann
Mit herbestelltem Bläserkorps,
Das dazu trug Signale vor.

Die Jäger, die sonst schon seit Jahren
Als Bläser bei der Jagd stets waren,
Die mussten, es war kaum zu fassen,
Heute ihr Horn im Auto lassen.

Bevor man konnt‘ zur Jagd nun starten,
Zeigt‘ Neureich frisch gedruckte Karten,
Die Jäger, die's Revier gut kannten,
Gleich allesamt nur „Blödsinn“ nannten.

Bei Plänen, die man hier gemacht,
Hatt‘ man so manches nicht bedacht.
Im Jungholz müssten Schützen stehen
Und könnten dort das Wild nicht sehen.

Da würde, man konnt's nicht verhehlen,
Nach vorne freies Schussfeld fehlen,
Und leider sah nach hinten raus
Die Sache auch nicht besser aus.

Und manchmal stünde man am Hang,
Der eigentlich als Kugelfang

Den Jägern dort nur dienen sollte,
Wenn man vernünftig jagen wollte.

Ein Jäger wollte sich beklagen,
Doch da ließ Neureich ihm gleich sagen,
Wenn er hier doch nur nörgeln wollte,
Er vielleicht besser gehen sollte.

Das tat sofort dann der Besagte,
Und von der Schar, die dort mit jagte,
Da schlossen auch sogleich fünf Mann
Dem Jäger sich beim Rückzug an.

Die Jäger, die sich nicht anschlossen,
Haben zwar *eine* Sau geschossen,
Doch war'n sie, als die Jagd war aus,
An diesem Abend früh zu Haus.

Und wie man auch noch hat berichtet,
Haben sie später drauf verzichtet,
Herrn Neureich bei sich einzuladen.
Und dessen Firma ging bald baden.

Herr Neureich mied drauf das Revier,
Erzählte man jüngst mir.
Nur wie der Strohmann rausgekommen,
Hab' ich bis heute nicht vernommen.

Der ministerielle Kronenzehner

Als unbestechlich war bekannt
Der Förster Schmidt im Sauerland.
Das sprach sich überall herum –
Nur nicht im Ministerium.

Von da kam ein Staatssekretär,
Der meint‘, dass er der größte wär,
Der größte Jäger weit und breit.
Doch leider hatt’ er nie viel Zeit.

Der kam des Nachmittags um vier
Beim Förster Schmidt nun ins Revier
Und steckte erst mal einen Schein
Dem Förster in die Joppe rein.

Dann sprach er, der Minister wolle,
Dass er ‘nen Hirsch hier schießen solle,
Ein‘ Zehner mindestens mit Krone,
Damit der Ansitz sich auch lohne.

Er hätt‘ die Stelle gern gefunden,
Wo Schmidt die Hirsche angebunden
Und sprach: „Die gibt‘s doch sicher hier
Bei Ihnen auch in dem Revier!“

Schmidt sagt‘: „Ich hab‘ erst eine Bitte.
Es ist seit Jahren bei uns Sitte,
Dass mit den Gästen zum Willkommen
Ein Zielwasser wird eingenommen.

Doch trinken Sie heut‘ hier allein,
Denn das muss leider jetzt so sein.
Mein Arzt hat, was mir nicht behagt,
Das Schnaps trinken streng untersagt.“

Bei „Waidmannsheil“ und „Sehr zum Wohl“
Gab’s Kräuterschnaps mit Ballistol.
Die Dosis war gut angemessen,
Der Gast hat nicht lang angesessen!

Es konnt‘ des Düsseldorfers Magen
Diese Mixtur wohl nicht vertragen.
So saust hinab von seinem Sitz
Der Staatsbeamte wie ein Blitz.

Er kam quasi vom hohen Rosse
Noch bis zur dritten Leitersprosse.
Die wurde ihm zur Toilette,
Was er wohl nie erwartet hätte.

Der Förster Schmidt saß zwischen Birken
Und sah den Trank beim Staatsgast wirken.
Und was wohl klar ist, liebe Leute:
Der Kronenzehner lebt noch heute.

Und die Moral von der Geschicht‘:
Den Förster Schmidt besticht man nicht! –
Das sprach sich nach der Sache rum
Sogar im Ministerium.

Jungjäger Sepp

Jungjäger Sepp kennt jede Leiter
Vom Hof, vom Hochsitz und so weiter.
Am liebsten aber hat er diese
Zum Fensterln bei Marie und Liese.

Treu der Familientradition
Hat er als Vaters braver Sohn
Die Jägerprüfung grad‘ gemacht,
Doch jagt am liebsten er bei Nacht.

Zu Stöckelwild und Nylonricken
Braucht man ihn gar nicht erst zu schicken.
Er nimmt die Leiter, die bewährte,
Und sucht nach einer guten Fährte.

Doch nicht in jeder Nacht hienieden
Ist ihm da „Waidmannsheil“ beschieden,
Denn es gibt vorrangig im Lenz
Oft vielerorts nun Konkurrenz.

Jüngst will er rauf zur Liese steigen,
Um seine Liebe ihr zu zeigen,
Doch statt beim Mädel in der Stube
Landet er in der Jauchegrube.

Er sah zu spät, dass an der Wand
Schon eine lange Leiter stand.
Die stellte hin da der Franz-Xaver,
Der ist stark und kein ganz Braver.

Weil ihm das großen Ärger macht,
Dass Sepp zur Liese will bei Nacht,
Wirft ihn Franz-Xaver von der Leiter
Und bringt ihn gleich ein bisschen weiter.

Er schleppt ihn, wenn auch mit viel Mühe,
Ins Loch mit dem Urin der Kühe
Und ruft: „Das eine sag‘ ich dir,
Du jagst hier nicht in dem Revier!“

Die Nachtjagd ist für dies‘ Mal aus,
Und stinkend kommt der Sepp nach Haus‘.
Der Vater schimpft: „Du blöder Hirsch,
Geh besser mit mir auf die Pirsch!

Lass dich nicht bei der Jagd erblicken
Auf Stöckelwild und Nylonricken,
Sonst landest du zu früh, fürwahr,
Mit einer vor dem Traualtar.

Die bindet dich dann sehr ans Haus,
Lässt kaum dich noch zum Jagen raus.
Dein Vater musste das seit Jahren
Am eignen Leibe stets erfahren!

Willst du demnächst ein Weib auch fragen,
Ob du hinausgehn darfst zum Jagen?“
Seitdem weiß Sepp, es wär‘ gescheiter,
Zu jagen ohne Fensterlleiter.

Sepps Knopfbockjagd

Sepp hatt‘ im Wonnemonat Mai
Zum Abschuss einen Knopfbock frei.
Er saß bei Freunden im Revier
Auf einem Hochsitz früh um vier.

Da sah er, wie am Waldesrand
Im frischen Grün ein Rehlein stand.
Jungjäger Sepp fiel da schnell ein,
Das könnte nur der Knopfbock sein.

Doch ehe er nahm sein Gewehr,
Musste das neue Fernglas her.
Sepp wollte keinen Fehler machen,
Wie’s mancher tat bei solchen Sachen.

Das Reh hielt seinen Kopf empor,
Und den nahm Sepp sich gründlich vor.
Zwischen den Lauschern guckt‘ was raus.
Das sah doch sehr nach Knopfbock aus.

Sepp nahm das Rehlein ins Visier,
Und gleich im Knall lag dann das Tier.
Und Sepp konnt‘ nicht lang widerstehen,
Und ging gleich hin, es zu besehen.

Doch dort fand dann der arme Tropf
Kein Knöpfchen auf des Tieres Kopf.
Was dort so aussah an der Stelle,
War sowas wie ’ne Dauerwelle.

Das Haarkleid ragte leicht empor.
Das sah nun Sepp, der arme Tor.
Und unter dieses Tieres Bauch,
Da fehlte hier der Pinsel auch.

Dass *der* Bock eine Ricke war,
Das war dem armen Sepp nun klar.
Als Schmalreh, musste Sepp erkennen,
Würd‘ man dies‘ Tier genau benennen.

Und trotzdem hatte Sepp noch Glück
Hier als Erleger von dem Stück,
Denn in des Jägers Jahreslauf
War'n Schmalrehe derzeit noch auf.

Das hatte Sepp sogleich schon spitz:
Der Jagdschein blieb ihm im Besitz,
Doch musste er nach diesem Jagen
Noch Wochen leisen Spott ertragen.

Jungjäger Sepps Schwarzwildjagd

Es steckte Keiler Archibald
In einem dichten, dunklen Wald
Samt seiner Bache Lieselotte
Und andern Schweinen seiner Rotte.

Und es traf dort beim Mondenschein
Jungjäger Sepp zum Jagen ein.

Er fand das Wetter wunderbar,
Weil frisch der Schnee gefallen war.

Unter Sepps Hochsitz war die Wiese,
Und unser Mond schien auch auf diese.
Dort sah Jungjäger Sepp ein Tier
Am frühen Morgen gegen vier.

Der Sepp hält ganz schnell mitten drauf.
Schon ist die Kugel aus dem Lauf.
Durchs Glas der Sepp zu sehen kriegt,
Dass sein Stück Wild dort unten liegt.

Sepp dankt St. Hubert für sein Glück
Und steigt hinab zu seinem Stück,
Das leider nur ein Hase war,
Der Schonzeit hat im Januar.

Weiß wie der Schnee ist Sepp erbleicht,
Der nun ganz schnell nach Hause schleicht. –
Er muss wohl bald in ’n Laden laufen
Und sich ein bess‘res Jagdglas kaufen.

Denn noch heißt unser Jagdgebot:
„Was du nicht kennst, das schieß nicht tot!“
Und hätt‘ die Saujagd wer gesehen,
Müsst Sepp fortan als Treiber gehen!

Sepps Löwenjagd

Sepp flog mit Schorsch nach Afrika,
Um Großwild dort zu jagen,
Mit Jägern in Namibia
An Löwen sich zu wagen.

Ein Jagdguide fuhr mit unser'n Deppen
Einige Tage übers Land,
Wo man im dürren Gras der Steppen
Nicht einen Löwen fand.

Am siebten Tage dann jedoch
Sah man bei Gegenwind
Ein Löwenpaar am Wasserloch
Samt einem Löwenkind.

Der Jagdguide sprach: „Nun wird es Zeit!
Eh' euch die Löwen wittern,
Schießt wenn der Alte dort steht breit,
Und hört mal auf zu zittern!"

Der Löwe hat den Kopf bewegt
Und dabei laut gebrüllt.
Die Bayern hat's hinweggefegt,
Die Hosen fast gefüllt.

Die Löwenjagd war zwar gebucht,
Doch dabei fiel kein Schuss.
Im Jeep hat Schutz man schnell gesucht,
Und mit der Jagd war Schluss.

Als Sepp und Schorsch dann heimgekommen
Vom fernen Afrika,
Hat alle Welt sogleich vernommen,
Wie toll die Jagd dort war.

Am Stammtisch ging es gleich hoch her!
Es wurd' wie wild gesoffen!
Die Löwen wurden stündlich mehr,
Die Sepp und Schorsch getroffen!

Die Löwen in Namibia
Haben das nicht gehört.
Doch hätt' im fernen Afrika
Sie das auch kaum gestört!

Warnung vor Jungfrauen

Der Maid, die ins Revier reinkam,
Der Jäger Sepp die Unschuld nahm.
Er sprach: „Man kann als Mägdelein
Im Wald nicht ewig Jungfrau sein."

Der Sepp, der das so frech gewagt,
Der wurde kurz darauf verklagt.
Nach dieser Balz gab's nichts zu prahlen,
Die Jungfernhaut musst' er bezahlen.

Drum, Jäger, kommt ein Mägdelein
Als Jungfrau in den Wald hinein,

Und hält dann auch gleich bei dir still,
Frag‘ besser erst, was es wohl will!

Lass da die Maid, sollt‘ dir‘s gelingen,
Über den Büchsenlauf gern springen
Und hoffe, dass bei deiner Pirsch
Du dann bald streckst den stärksten Hirsch.

Jungfrauen sind in Jägerwelten
An sich schon heute äußerst selten.
Wär'n sie dazu auch noch so lieb,
Stören sie doch den Jagdbetrieb.

Diana schenke dir Vernunft,
Dass du nicht dort im Wahn der Brunft,
Nur weil die Maid in deiner Nähe,
Verzichtest gar auf die Trophäe.

Bedenke dann mal nebenbei:
Jungfrauen haben kein Geweih.
Man kann nach dreistem Deflorieren
Mit gar nichts seine Wände zieren.

Die besondere Trophäe

Blattzeit war's, die Böcke trieben,
Und am Abend kurz nach sieben
Kam der Franz hinter der Hecke
Zu der Leiter an der Ecke.

Er stieg leise dort hinauf,
Steckt‘ die Kugel in den Lauf,
Und als er nun schaut‘ durchs Glas,
Stand da ’n Bock im hohen Gras.

Lange Stangen ohne Ecken
Konnte Franz sogleich entdecken,
Und es wurd‘ ihm blitzschnell klar,
Dass da ‘n „Mörderspießer“ war.

Dieser Bock war höchstens drei,
Doch dem Franz war’s einerlei,
Denn, sollt’s nicht noch Tote geben,
Musst‘ dem Spießer er ans Leben.

Doch wie Franz gespäht auch hat,
Frei war’n Träger nicht und Blatt.
Und wo Pflanzen üppig sprießen,
Kann man nicht durch diese schießen.

Heute trieb der Bock dort nicht,
Wie’s wär‘ in der Blattzeit Pflicht.
Nein, er äste ruhig weiter
Hundert Schritt vor Franzens Leiter.

Immer näher kam die Nacht.
Da hat unser Franz gedacht,
Diesen Bock muss ich heut‘ kriegen!
Und er ließ die Kugel fliegen.

Doch wo dieser Spießer stand,
Unser Franz dann gar nichts fand.
Nach dem „Spießer seines Lebens“
Blieb die Suche ganz vergebens.

Andern Tags zu früher Stunde
Kam von Bauer Karl die Kunde,
Dass durch Franz, wie man annahm,
Dort ein Rind zur Strecke kam.

Das fand man ein bisschen weiter
Von der schon bekannten Leiter,
Von der Franz wie ’n Riesenross
Quer durch die Botanik schoss.

Doch ganz tragisch war das nicht.
Das war kein Fall fürs Gericht.
Für das Zuchtrind, das noch jung,
Zahlte die Versicherung.

Auch hat Franz wegen dem Schaden
Bauer Karl gleich eingeladen
Und dazu noch dessen Schatz
In das beste Haus am Platz.

Beide haben Franz geschworen,
Dass sein Ruf ging‘ nicht verloren,
Der als Jäger ihm wär‘ eigen,
Denn sie würden eisern schweigen.

Von dem totgeschoss'nen Rind,
Da bekäme niemand Wind. –
Doch der Fall ist rausgekommen.
Wie? Das hat Franz nie vernommen.

Aber schon nach kurzer Zeit
Wusst' sein Kegelclub Bescheid.-
Beim nächsten Mal begrüßt' ihn froh
Die Bande gleich mit Horrido.

Wobei man ihm auch offeriert
Den Rinderkopf gut präpariert
Auf einem dicken Eichenbrett,
Damit er die Trophäe hätt'.

Er musst' wie nie im Jägerleben
Drauf kräftigst einen aus nun geben.
Auf seine Kosten gab's ein Essen.
Auch's Trinken wurde nicht vergessen.

Man pries des Franzens gute Taten,
Tat gütlich sich am Rinderbraten
Und hatte wegen diesem Tier
Die ganze Nacht dann viel Pläsier.

Der Rinderkopf, hab' ich vernommen,
Ist auch in Franzens Haus gekommen.
Doch dann, das muss ich auch gestehen,
Hat man nie wieder ihn gesehen.

Hasenbuletten

Im Gasthaus, das mit Wild ihn lockte,
Einst der Karl-Gustav hungrig hockte.
Die Vielfalt war dort ungeheuer,
Doch durchweg leider auch sehr teuer.

Er fand letztendlich ein Gericht,
Das ihm wohl schien zu teuer nicht.
Dort bei der Wirtin – der ganz netten –
Gab's nämlich auch Hasenbuletten.

Doch eh' der Gast sich drangewagt,
Hat er die Wirtin noch gefragt,
Woher denn all das Fleisch hier käme,
Das sie für die Buletten nähme.

Es fiele der Verdacht ihm ein,
Es könnt' nicht nur vom Hasen sein. –
Das Hasenfleisch wär' ja zu trocken,
Ließ sich die Wirtin da entlocken.

Drum würd's Fleisch eins zu eins gemischt,
Bevor es dann würd' aufgetischt.
Bei dem, was man gern dort verzehrt',
Käm' zu den Hasen je ein Pferd!

Zeckenplage

Als Parasiten hat bei Hunden
Manch‘ Jäger Zecken schon gefunden.
Doch jüngst fand Franz in seinem Felle
So ’n Tier an sehr pikanter Stelle.

Weil es da unten arg gejuckt,
Hat Franz auch dort gleich nachgeguckt.
Als er entdeckte nun das Vieh,
Suchte er gleich nach Therapie.

Und Franzens Frau es ernsthaft wollte,
Dass er zum Doktor gehen sollte.
Doch Franz tendierte hier doch wohl
Zu Hausmitteln wie Ballistol.

Doch wollte er zugleich probieren,
Sich gründlich zu desinfizieren.
Dazu gab’s außen Ballistol
Und innen reichlich Alkohol.

Die Zecke hat im Öl geschwommen,
Und das ist ihr nicht gut bekommen.
Der Franz schwamm mehr in Schnaps und Wein.
Das sollt‘ für ihn gesund nicht sein.

Am Morgen hat er beim Erkunden
Die Zecke dann nicht mehr gefunden.
Doch die war zwischen seinen Ohren
Anscheinend nun im Kopf am bohren.

Die Frau sprach: „So hat's keinen Sinn!"
Sie schleppt' den Franz zum Doktor hin.
Der gab Franz ohne Mitgefühle
Die Spritze mit dickster Kanüle.

Während der Arzt den Franz so impft,
Hat er auch noch mit ihm geschimpft:
„Plagt fortan dich ein Zeckentier,
Dann komme bitte gleich zu mir.

Es gibt die Biester aller Orten,
Jedoch auch in verschied'nen Sorten.
Und ich geb' dir nun zu bedenken,
Man darf sie nie mit Schnaps ertränken.

Mit Alkohol zu therapieren,
Das solltest niemals du probieren.
Und Zecken gar noch tot zu trinken,
So tief darf nie ein Jäger sinken!"

Das verflixte Handy

Der Bruno war bei Baden-Baden
Vom Karl zur Saujagd eingeladen
Beim Mondschein in der Winternacht,
Als Schnee dort lag in weißer Pracht.

Doch Brunos Frau kam's nicht gelegen,
Sie äußerte sich strikt dagegen,

Weil‘s bei der Tochter Adelheid
Mit der Geburt wär‘ dann soweit.

Und dass sich Bruno Urlaub nähme,
Wenn grad‘ der erste Enkel käme,
Und ließe Frau und Kind allein,
Das dürfe doch wohl wahr nicht sein!

Doch Bruno selbst betonte eilig,
Die Jagdfreundschaft sei ihm sehr heilig,
Und er könne ja nichts dafür,
Dass die Geburt stünd‘ vor der Tür.

Bevor der Krach dann eskalierte,
Die Frau dem Bruno offerierte,
Sie wolle ihm ihr Handy borgen,
Das würd‘ für den Kontakt dann sorgen.

Wenn’s mit dem Enkel wär‘ so weit,
Bekäme er sofort Bescheid,
Damit er, wie es wäre, wüsste,
Und nicht mehr lange bangen müsste.

Der Bruno schätzt ein Telefon
An sich für Kommunikation,
Doch dass er bei der Jagd eins trage,
Kam bisher nie bei ihm in Frage.

Doch wie’s so geht im Eheleben,
Hat Bruno auch mal nachgegeben.

Er hat das Handy mitgenommen,
Doch ist ihm das nicht gut bekommen.

Hinweise hatt' er nicht erhalten,
Wie das Gerät sei stumm zu schalten.
Und als der Keiler kam bei Nacht,
Hat's Handy auch prompt Krach gemacht.

Das Schwarzwild dort hat nicht gewusst,
Wie man das Läuten deuten musst'.
Es ist ja sonst um diese Zeit
Auch keine Sau gesprächsbereit.

Da half dem Bruno gar nichts mehr.
Der ganze Hang war wildschweinleer!
Der Bruno zittert' wutentbrannt,
Und's Handy fiel ihm aus der Hand.

Es nahm den Weg nach unten weiter
Über fünf Sprossen von der Leiter,
Kam unten an in Einzelteilen,
Da gab's dann nichts mehr zu heilen.

Karls Frau tat später Bruno kund,
Daheim sei alles kerngesund
Und dass ein kleiner Enkelsohn
Dort wartet' auf den Opa schon.

Dem Bruno war's jedoch egal,
Der fluchte nur: „Beim nächsten Mal
Wird selbst wenn hundert Enkel kommen,
Zur Jagd kein Handy mitgenommen!"

Hahn in Ruh

Eckhard hatt' sich umgeschaut
Nach der rechten Jägerbraut,
Bis er draußen auf dem Land
Diese dann auch endlich fand.

Jüngst im Herbst in diesem Jahr
Als er bei der Braut grad‘ war,
Um dort's Wochenend‘ zu bleiben,
Gab's ganz nah ein großes Treiben.

Als die Jagd dann näher kam,
Eckhard voller Wut vernahm,
Wie die Schrote aus den Tannen
Prasseln auf des Daches Pfannen.

Und dann sah man Eckhard starten,
Um ganz schnell dort aus dem Garten
Einen Hahn zu apportieren. –
Zurück ging's auf allen Vieren.

Und so konnte es geschehen,
Dass kein Jäger ihn gesehen
Als er mit dem Hahn verschwand,
Eh‘ ein Jagdhund den dort fand.

Doch die Jagd war noch nicht aus.
Schrote trafen neu das Haus,
Weshalb Eckhard voller Zorn
Holte aus dem Haus sein Horn.

Und in einer Gartenecke
Hinter einer dichten Hecke,
Wo ihm sah kein Jäger zu,
Blies er nun gleich „Hahn in Ruh!“

Zweimal schallt‘ das durchs Revier,
Dann war sofort Ruhe hier.
Danach standen gleich wie dumm
Jäger auf dem Waldweg ‘rum.

Einer davon trug ein Horn,
Den traf voll des Jagdherrns Zorn.
Was der brüllte passt hier nicht
In ein braves Jagdgedicht.

Als die Jäger zogen weiter
Wurde Eckhards Stimmung heiter.
Und er summte immerzu
Leise noch sein „Hahn in Ruh“.

Jäger, fällt mir dazu ein,
Sollten musikalisch sein.
Und es sollt‘ sie nicht genieren,
Selbst ’nen Hahn zu apportieren.

Fritz auf Taubenjagd

Der Fritz war in den Wald geeilt,
Den ihm der Jagdherr zugeteilt.
Er sollt’s dem Jagdherrn glauben,
Es gäb’ dort immer Tauben.

Auch Krähen, fuhr der Jagdherr fort,
Bevorzugten grad' diesen Ort,
Um oben in den Buchen
Sich ihren Platz zu suchen.

Der Wald war lang und ziemlich breit,
Und Fritz sah auch nach läng'rer Zeit
Auf Bäumen in der Nähe
Kein Täubchen, keine Krähe.

Das Wetter war nicht angenehm,
Der Sitzstock wurde unbequem,
Und Fritz begab sich nun alsbald
In einen and'ren Teil vom Wald.

Kaum hatte er sich hingesetzt,
Sah er ganz plötzlich und entsetzt
Nun landen eine Taubenschar,
Wo nichts kam, als der dort noch war.

Er löste einen Hebeschuss,
Was man als guter Jäger muss,
Um Tauben hoch zu treiben,
Die sonst da sitzen bleiben.

Die kommen dann wo möglich an
Im nächsten Wald beim Jägersmann,
Der dort wie unser Jäger Fritz
Auch wartend hockt auf seinem Sitz.

Und es hat wirklich bald geknallt
Beim Nachbarn dort in jenem Wald.
Doch wie Fritz später hören muss,
War das auch nur ein Hebeschuss.

Die Tauben, ich erzähl's nicht gern,
Hielten sich von den Jägern fern,
Bis eine, die dann trotzdem kam,
Der Fritz sich gleich aufs Korn auch nahm.

Die Taube fiel, und Fritz pfiff froh
Ein Liedchen mit viel Horrido,
Weil er nach diesem Schuss fürwahr
An diesem Tag Jagdkönig war.

Und abends dann im Jägerkrug,
Da hörte man mehr als genug
Von früher mal geschoss'nen Tauben.
Fast tausend warn's, ihr könnt's mir glauben.

Man saß zusammen ein paar Stunden
Und trank die immer neuen Runden,
Die Fritz – so ist das Jägerleben –
Als Jagdkönig hat ausgegeben.

Die Taube kostete bestimmt –
Wenn Fritz es mal ganz ehrlich nimmt –
Mehr als manch' gut erlegte Sau. –
Erzählt das nur nicht seiner Frau!

Dianas Tochter

Seit Jahr und Tag gab's im Revier
Zur Drückjagd nur die Männer hier,
Die jagten in St. Huberts Namen.
Nur's Essen bringen durften Damen.

Die waren nach der Mittagspause,
Wie's sich gehört, zu Hause.
Ansonsten konnte man hier Frauen
Als Jägerinnen nie beschauen.

Doch nahte sich auch hier die Stunde,
Wo einmal in der Männerrunde
Bei einer Jagd in Hinterstegen
Dianas Tochter war zugegen.

Sie gab im Orte Unterricht
Und glaubte fest, man wisse nicht,
Dass sie seit einem knappen Jahr
Nun im Besitz des Jagdscheins war.

Auch hier konnte das Daten schützen
Der Lehrerin nun gar nichts nützen. –
Als man sie einlud dann zur Jagd,
Hat sie – nichts ahnend – zugesagt.

Zwar sah man dort mit ihren Reizen
Die junge Dame mächtig geizen,
Denn sie erschien in weitem Loden,
Der runter reichte bis zum Boden.

Doch bei den Jägern, selbst den alten,
Gab's nun ein reges Balzverhalten,
Und alle sah man sich bemühen
Viel Charme und Witz um sich zu sprühen.

Da machte selbst der alte Jan
Sich munter an die Dame ran
Mit der ganz heuchlerischen Frage,
Was für 'ne Büchse sie da trage.

Dianas Tochter wusste bald,
Dass, wer im Hintersteger Wald
Als Frau es wagte mit zu jagen,
Noch vieles hätte zu ertragen.

Sie fand an einer Schonung Rand
Auf schmaler Schneise ihren Stand.
Wenn diese Sauen überfielen,
Gab's keine Chance genau zu zielen.

Das machte sie doch leicht verdrossen,
Drum hat sie lieber nicht geschossen.
Sie wollt 'nen Fehlschuss nicht riskieren
Und dadurch ihren Ruf verlieren.

Beim ersten Drücken starrte man
Ringsum dann nur die Dame an.
Das ist zwei Füchsen gut bekommen,
Die unbemerkt Reißaus genommen.

Was soll ich noch die Jagd beschreiben?
Viel schlimmer war das Schüsseltreiben!
Da fehlte ihr doch sehr der Loden,
Der runter reichte bis zum Boden.

Nun konnte sie mit ihren Reizen,
So sehr sie's wollte, nicht mehr geizen.
Die Kerle – voll vom Jägermeister –
Wurden im Balzen immer dreister.

Der Schnaps trug bei zu Übermut.
Das fand sie überhaupt nicht gut.
Dianas Tochter riss nun aus
Und fuhr geradewegs nach Haus.

Seitdem war dort in Hinterstegen
Dianas Tochter nicht zugegen.
Die Jagd ist wieder Männersache,
Wozu ich mir Gedanken mache.

Man weiß nicht erst seit ein paar Tagen,
Dass auch Dianas Töchter jagen,
Wobei sie – Jäger, lernt 's geschwind –
Fürs Mannsvolk niemals Freiwild sind.

Es sollten auch in Hinterstegen
Dianas Töchter sich bewegen
Und jagen dürfen wie ein Mann.
Ob ich das noch erleben kann?

Pillen

Es ist meiner Ärzte Wille,
Dass ich täglich manche Pille
Schlucke vor und nach dem Essen.
Niemals soll ich das vergessen!

Manche gibt‘s, die kann der Magen
Gar nicht oder schlecht vertragen.
Doch damit der gibt nun Ruh‘,
Kommt ein Pillchen noch dazu.

Manches ist bei Schmerzen gut,
Doch was es der Leber tut,
Weiß der Arzt, dem ich vertrau‘,
Manchmal auch nicht so genau.

Komm’ ich nachts aus dem Revier
Und hab Durst auf Schnaps und Bier,
Darf ich wegen all der Pillen
Damit meinen Durst nicht stillen.

Pillen gibt’s für Rückenschmerzen
Und Probleme mit dem Herzen.
Auch für Galle, Milz und Nieren
Darf ich Pillen ausprobieren.

Zu den ganz beliebten Leuten
Zählen mich die Pharmazeuten,
Grüßen mich mit frohen Mienen,
Weil sie gut an mir verdienen.

Und sie beten jede Nacht,
Dass St. Hubert mich bewacht,
Denn, wenn ich bald ginge tot,
Brächte sie das sehr in Not.

Soll ich Apotheken loben,
Weil man manchmal mir schenkt Proben?
War's nur, weil der Werbekram
Langsam zu viel Platz wegnahm?

Hofft man dabei dort im Stillen,
Dass ich kauf‘ noch viele Pillen,
Die mich noch solventen Alten
Und die Pharmazie erhalten?

Doch wo legt man mich wohl hin,
Wenn ich doch gestorben bin?
Ob man es dann erst mal checkt,
Was in mir an Pillen steckt?

Droht von dem, was in mir war,
Dann dem Trinkwasser Gefahr?
Wäre es also vonnöten,
Mich im Zinksarg einzulöten?

Dennoch hoffe ich im Stillen,
Dass man trotz der vielen Pillen
Mir ein ehrbar‘ Grab wird gönnen,
Wo auch Pillen ruhen können.

Die Erstreiher

Trotz vieler Reiher hier im Land,
Ist manchem Jäger nicht bekannt,
Dass es auch den Erstreiher gibt,
Der nur die erste Reihe liebt.

Selbst mancher Laie weiß genau,
Dass Reiher sind wohl meistens grau
Und, wenn's davon zu viele gibt,
Bei Fischzüchtern sehr unbeliebt.

Dazu gibt's dann noch Silberreiher,
Auch Seiden-, Nacht- und Purpurreiher,
Die wir, wenn sie zum Jagen gehen,
Meistens nur am Gewässer sehen.

Die Erstreiher sind niemals dort!
Sie lieben nicht den nassen Ort,
Es darf ausschließlich und allein
Stets nur die erste Reihe sein.

Ist mal ein Fotograf in Sicht,
Findet man sie ganz hinten nicht.
Nein, sie stehen ganz vorne an,
Damit sie jeder sehen kann.

Gibt es Champagner beim Empfang,
Geht es nach vorn im schnellsten Gang.
Auch finden sie es wunderbar,
Ganz vorn zu sein beim Kaviar.

Doch gibt es Arbeit zu verteilen,
Sieht man sie nicht nach vorne eilen
Diese Erstreiher wie vordem.
Denn Arbeit ist oft unbequem!

Auch sind sie, wo die Kugeln pfeifen,
Niemals ganz vorn – man kann's begreifen,
Denn Erstreiher stört es gewaltig,
Wenn mal die Luft wird eisenhaltig.

Doch dann bei einer Siegesfeier
Erblickt man diese Sorte Reiher
Ganz vorn – man konnte es ja ahnen –
Direkt unter den Ruhmesfahnen.

Die Erstreiher sind nicht mein Fall.
Doch gibt es sie fast überall.
Nie kann man sie je nach Belieben
Mal irgendwo nach hinten schieben.

Doch wenn sie sich heut' mal wie wild
Wieder drängten ganz vorn ins Bild,
Kann – diese Technik mag ich leiden –
Man sie leicht aus dem Foto schneiden.

Erstreiher wird es ewig geben.
Entweder, ihr lasst sie so leben
Oder ihr bittet sie zu Tisch.
Doch dann vergiftet sie – mit Fisch!

Die neue Kuh

In Rinkerode war ein Bauer
Auf seine neue Kuh stocksauer.
Sie blieb nicht still beim Melken stehen,
Ließ die Besamung nicht geschehen,
Drückt 's Hinterteil stets an die Wand
Und biss dem Bauern in die Hand.

Der Jäger, dem er dies geklagt,
Hat unsern Bauern gleich gefragt,
Der sich voll Zorn die Haare rauft,
Wo er denn hätt' das Tier gekauft,
Und ob die Kuh, die er verdammt',
Womöglich auch aus Telgte stammt.

Der Bauer hat gleich „Ja!" gesagt,
Und auch den Jäger noch gefragt,
Woher er die Vermutung nähme,
Dass dieses Vieh aus Telgte käme.
Worauf der Waidmann traurig spricht:
„Mein Weib doch auch! Weißt du das nicht?"

Federweißer und Zwiebelkuchen

Wer fröhlich will beim Federweißen
Noch in den Zwiebelkuchen beißen,
Der bleibe dann nach dieser Sause
Als Jäger anderntags zu Hause.

Denn wenn's zum Beispiel dann im Wald
Aus seiner Lodenhose knallt,
Wird sicher niemand arg verletzt,
Doch all das Wild flieht ganz entsetzt.

Vielleicht geht er ins Hornkonzert.
Da wird dann die Musik vermehrt.
Doch darf er dort nicht übertreiben
Und muss ganz brav im Takt stets bleiben.

Ein Aufenthalt ist ihm verwehrt,
Wo Feuer brennt in einem Herd.
Er will doch wohl vor Explosionen
Der Hausfrau Küche gern verschonen.

Am besten geht er in den Garten
Und lässt dort seine Winde starten,
Denn Schnittlauch, Porree, Rosenkohl
Bekommen solche Winde wohl.

Ein Mensch, der den Genüssen frönt
Und dann am andern Tage stöhnt
Über das Grimmen unterm Magen,
Dürfte zu Unrecht sich beklagen.

Den allerbesten Zwiebelkuchen
Soll 'n Jäger nur im Elsass suchen,
Denn dort erhält er von Franzosen
Schalldämpfer für die Lodenhosen.

Ja, meine Mahnung im Gedicht
Die übertreibt zu sehr wohl nicht.
Doch wenn ihr's gar nicht lassen könnt,
Sei'n euch die Blähungen gegönnt!

(Antwort auf eine Einladung, die der Autor wegen Erkrankung nicht annehmen konnte)

Kultur pur

Als Fotograf im ganzen Land
Ist Jäger Hugo Schmidt bekannt.
Er schleppt ja stets auf Schritt und Tritt
Die gute alte Leica mit.

Zwar tat er das Fotografieren
Nicht lernen oder gar studieren,
Doch weiß er, was sehr oft zu sehen,
Mit seiner Leica umzugehen.

Und um das gründlich zu beweisen,
Macht' viele Fotos er auf Reisen.
Er knipste – nur mal als Exempel –
Inzwischen hundertdreißig Tempel.

Es sind aus lauter Höflichkeit
Die Jagdfreunde auch mal bereit,
Sich solche Tempel anzusehen.
Doch darf das nicht zu oft geschehen.

Lädt nämlich Hugo Schmidt sie ein,
Gibt's bei ihm kaum mal Bier und Wein,
Stattdessen stundenlang Kultur
Mit seinen Dias, aber pur!

Er hat bestimmt auch niemals Chips,
Doch kostenlose Reistipps.
Und welcher Film der beste sei,
Erfährt man auch noch nebenbei.

Jüngst bei so einem Dia-Abend,
Der lehrreich war, doch kaum erlabend,
Hat Jagdfreund Karl – ganz ungeniert –
Sich schon halb zehn verdünnisiert.

Er konnt' nicht mehr bei Hugo hocken,
Denn dort war ihm die Luft zu trocken,
Was man am heißen Sommertag
Als Waidmann ohnehin nicht mag.

Nach Karl sind in den nächsten Stunden
Noch viele Jäger bald verschwunden.
Das dient' dem Abend nicht zur Zier,
Doch hatten die zu Haus' noch Bier.

Der Hugo Schmidt hat's kaum gesehn,
Denn auf der Leinwand war Athen,
Wo es im Sommer ist sehr heiß,
Was man auch ohne Durst schon weiß.

Der Dia-Abend war kaum aus,
Da eilt' der letzte Gast nach Haus. –
Der nimmt demnächst wohl Bier sich mit
Zur „Kultur pur" beim Hugo Schmidt.

Vatertag & Co.

Es gibt in Deutschland Feiertage,
Die sind für Jäger eine Plage.
Und was ich da partout nicht mag,
Das ist und bleibt der Vatertag.

Man munkelt, dass die Brauerei
Und die Kornbranntweinbrennerei
Aus Schluckspechtsstadt vor vielen Jahren
Des Vatertags Erfinder waren.

Der Muttertag, den's gab im Lenz,
Der brauchte dringend Konkurrenz.
Die Feste scharf ins Auge fassend,
Entschied man „Himmelfahrt" sei passend.

Der Sommer kommt noch, wie man weiß,
Und meistens ist's nicht allzu heiß,
Um draußen wild umher zu laufen
Und da dann unbändig zu saufen.

Man setzt sich morgens in Bewegung,
Bewaffnet mit viel Marschverpflegung,
Von der die Jäger all die Reste
Dann draußen finden nach dem Feste.

Dass Kerls, die durch die Landschaft laufen,
Um sich die Hucke voll zu saufen,
Meistens gar keine Väter sind,
Erkennt man dann auch sehr geschwind.

Im Osten, dich trifft fast der Schlag,
Nennt man das drum wohl „Herrentag“.
Du findest dieser Herren Spur
Dann anderntags in der Natur.

Des Tags Erfinder, siehe oben,
Sind daher keineswegs zu loben.
Nach dem, was man da muss berichten,
Könnt’ man auf diesen Tag verzichten.

Bemerkt sei hier noch nebenbei:
Sehr schlimm war schon der Erste Mai.
Wir Jäger ärgern uns nicht nur,
Wir spielen auch noch Müllabfuhr.

Wir pflegen nach der Säufer Tat
Den Hund auch, der in Scherben trat,
Und sollen dann trotz all der Qualen
Noch freudig Jagdsteuer bezahlen.

Wenn feiertags in Feld und Flur
Wären die braven Wandrer nur,
Dann brauchten wir, muss ich gestehen,
Nicht Sauwetter herbei zu flehen.

Der geizige Jäger

Der Rudolf ist klein von Gestalt,
Was häufig nützlich ist im Wald.
Kein Eichelhäher vor ihm warnt,
Weil schon ein bisschen Laub ihn tarnt.

Der Rudolf, wie gesagt, ist klein
Und jagt am liebsten ganz allein.
Denn er ist halt nicht nur sehr mickrig,
Er ist zudem noch furchtbar knickrig.

Zwar ist's um ihn in Sachen Geld
Wahrhaftig gar nicht schlecht bestellt,
Doch will er, ich will's mal so nennen,
Sich auch vom Reichtum nicht gern trennen.

Wird er zur Treibjagd eingeladen,
Könnte das dem Vermögen schaden.
Das Schlimmste wär' für ihn auf Erden,
Würd' er hier gar Jagdkönig werden.

Drum meidet er, das ist kein Jux,
Sogar den Schuss auf einen Fuchs.
Die Schnepfen lässt er alle fliegen,
Weil die bei hoher Punktzahl liegen.

So schoss er einst in gutem Glauben
Auf einer Treibjagd nur die Tauben,
Weil die hier ja seit vielen Jahren
Beim Streckenlegen unten waren.

Doch dann im Jahr 2004
Änderte man die Sitten hier.
Man wollt' die Taubenschützen loben,
Und legt' die Vögel ganz nach oben.

Der Jagdherr, der das so beschlossen,
Wusste was Rudolf hatt' geschossen.
Die Sache war zudem von Reiz,
Der Jagdherr kannte Rudolfs Geiz.

Am Abend nach dem Schüsseltreiben
– Das Saufen lässt sich kaum beschreiben –
Trank auf Jagdkönig Rudolfs Wohl
Man literweise Alkohol.

Der Rudolf musste unter Qualen
In der Nacht all das Geld bezahlen,
Das er dank seiner Eigenart
Bisher erfolgreich stets gespart.

Für Rudolf war das große Pein.
Bald jagt er wieder ganz allein.
Man wird ihn, nachdem das geschehen –
Bei Treibjagden wohl nicht mehr sehen.

Waffenkunde

Die Jäger sind, wie mancher weiß,
Ein auserles'ner edler Kreis,
Zu dem sich nur Frau oder Mann
Nach schwerer Prüfung zählen kann.

Einst trafen sich zu diesem Zweck
Die Prüflinge in Havixbeck.
Man ließ – nach eifrigem Studieren –
Am Schießstand sich examinieren.

Am langen Tisch saß oben schon
Die hohe Prüfungskommission,
Davor der Kandidaten Schar,
Von denen mancher ängstlich war.

Nur einer schien ob stolzem Hoffen
Von Bangigkeit nicht sehr betroffen.
Es war ein Mann der Bundeswehr,
Ein Oberst aus dem Stab beim Heer.

Im Kursus hatte dieser Mann
Stets nur zivile Kleidung an,
Zur Prüfung trug er Uniform,
Und Orden glänzten ganz enorm.

Bald holte ihn der Prüfer Runde
Heran zum Fache Waffenkunde.
Darin hatt' er, wie man so sagt,
Im Kursus sich weit vorgewagt.

Dort tat er 'm Büchsenmacher kund,
Es gäbe doch wohl keinen Grund,
Es in der Prüfung je zu wagen,
Bezüglich Waffen *ihn* zu fragen.

Die Prüfer hat das nicht gestört.
Sie hatten davon nichts gehört
Und nahmen diesen klugen Mann
Doch in der Waffenkunde dran.

Dort vor den Kursuskameraden
Sollt' er den Repetierer laden.
Es gab dafür zur freien Wahl,
Patronen in sehr großer Zahl.

Der Oberst sagte gleich geschwind:
„Das macht bei uns man doch wohl blind!" –
Dumm war es, das laut zu betonen,
Denn er wählt' falsche Randpatronen.

Der Oberst konnt', als das geschehen,
Für dieses Mal nach Hause gehen.
Der Jagdschein rückt' in weite Ferne,
Denn Hochmut hat kein Prüfer gerne.

Man nahm sogleich den nächsten Mann
Dann in der Waffenkunde dran.
Still in Zivil war's ein Gefreiter,
Der fiel nicht durch, der war gescheiter.

Hunde im Revier

Als Jagdaufseher, jung an Jahren,
Hat Karl, noch ziemlich unerfahren,
Sich über Hunde aufgeregt
Und mit Besitzern angelegt.

Doch sah er bald, das half nicht viel,
Und so käm' er wohl nie zum Ziel,
Dass Hundeführer nicht mehr meinen,
Man braucht' den Hund nicht anzuleinen.

Seitdem behält er stets die Ruh',
Geht auf den Hundeführer zu
Und sagt: „Das ist ein schöner Hund“
Doch hoffentlich bleibt er gesund.“

Und meistens fährt er dann noch fort:
„Das brave Tier hört zwar aufs Wort,
Doch ist es nun stets in Gefahr,
Weil hier noch kürzlich Tollwut war!“

Dass Hunde meist geimpft nicht waren,
Erfuhr der Karl so mit den Jahren.
Drum wirkt der Hinweis hier fast immer,
Das Schimpfen macht nur alles schlimmer!

Und zahlt der Mensch schon Hundesteuer,
Wird's dann plus Impfung ihm zu teuer,
Da meidet er doch mit dem Tier
In Zukunft lieber Karls Revier.

Bei ihm im Walde herrscht kurz Ruh',
Doch Hundehalter nehmen zu.
Und leider lernt Karl sehr geschwind,
Dass viele unbelehrbar sind.

Und die Moral von der Geschicht':
Sich aufzuregen lohnt hier nicht!
Kann Tollwut nicht die Leute schrecken,
Sag's, wo die Fuchsbandwürmer stecken!

Doch drohe nie mit einem Schuss,
Denn dann gibt es erst recht Verdruss.
Das Böse hat hier nicht vier Pfoten,
Die Menschen sind die Idioten!

Siehst im Revier du Hunde laufen,
Kannst du dir zwar die Haare raufen,
Doch musst du an den Blutdruck denken
Und Streit mit Leuten dir wohl schenken!

Zur Hühnerjagd im Hümmling

Wo einst Fürstbischöfe jagten,
Bis ins Moor hinein sich wagten,
War es, wo in manchen Jahren
Wir zur Jagd im Hümmling waren.

Selbst aus Köln und Wittgenstein
Fanden sich Jagdfreunde ein.

Wo einst weite Moore lagen,
Wollten wir nun Hühner jagen.

Bei Altweibersommersonne
Ging's zur Jagd hinaus mit Wonne.
„Auf zur Jagd" ertönt's vom Horn,
Und im Rucksack steckt' viel Korn.

Schnaps, als Zielwasser bekannt,
Wird im Hümmling „Schluck" genannt.
Hümmlingjäger, wird man sehen,
Wussten damit umzugehen.

Manches Huhn wurd' bald erlegt
Und der alte Brauch gepflegt,
Jedes Huhn, das man sah sinken,
Auf der Stelle „tot zu trinken".

Und am Abend pflegt' man heiter
Dieses alte Brauchtum weiter.
Die Jagdgäste tranken hier,
Wie gewohnt, auch fleißig Bier.

Und um niemanden zu kränken,
Ließen sie sich „Schluck" einschenken.
Den war man zwar nicht gewohnt,
Doch man hat sich nicht geschont.

Eines weiß ich noch genau:
Jeder Jagdgast war bald blau,

Wankt' beizeiten voll ins Bett,
Was ich gern verschwiegen hätt'!

Mit mir waren im Verein
Die aus Köln und Wittgenstein.
Hümmlingjägern war bis drei
Deren Fehlen einerlei.

Wie gesagt, sie pflegten heiter
Altes Brauchtum fleißig weiter,
Bis dann ihre Frauen kamen
Und sie mit nach Hause nahmen.

Die Moral von der Geschicht':
Trinkst du „Schluck“, aufs Bier verzicht',
Trinke stets nur eins von beiden,
Sonst hast du bald arg zu leiden!

Jeder von uns hat's erfahren.
Trotzdem fand in jenen Jahren
Man sich gern im Hümmling ein.
Selbst aus Köln und Wittgenstein!

(Anmerkung: Der Hümmling ist eine hügelige Landschaft im Emsland, in dessen Mitte im Ort Sögel das fürstbischöfliche Jagdschloss „Clemenswerth“ liegt.)

Vornehme Zurückhaltung

Von dem, was mancher Jäger Glück,
Halte ich vornehm mich zurück.
Passion lässt sich leicht übertreiben.
Da lass‘ ich manches lieber bleiben.
Ich muss als kleines Jägerlein
Fürwahr nicht auch ein Held noch sein.

Ich häng‘ nicht in der Felsenwand
An einem Seil mit einer Hand,
Weil ich dort mit gewagtem Schuss
Den Gamsbock nun erlegen muss,
Denn einer Leiche steht der Hut
Auch mit dem Gamsbart nicht mehr gut.

Ich krieche nicht auf allen Vieren
Auf Felsen zu den Murmeltieren,
Weil ich brauch‘ deren Fett im Lenz
Zur Steigerung meiner Potenz.
Da bleibe ich doch glatt im Tal
Als Liebhaber gern zweite Wahl.

Ich schreite nicht total verwegen
Dem großen Kodiak entgegen,
Denn der würd‘ mich ohne Erbarmen
Doch allzu grob sogleich umarmen,
Hätt‘ ich bei der Gelegenheit
Ihn nur ein bisschen angebleit.

Sollt‘ ich eine Safari buchen,
Um große Löwen zu besuchen,
Dann würde ich gewiss bescheiden
Ganz gerne ihre Nähe meiden.
Anstatt vor Angst mich tot zu schwitzen,
Blieb‘ ich im sich’ren Wagen sitzen.

Und was ich auch ganz sicher weiß,
Ist, dass ich in Alaskas Eis
Dem Eisbär aus dem Wege ging
Selbst wenn der grade Robben fing,
Denn es gefiele mir nicht sehr,
Ihm dann zu dienen als Dessert.

Ich wollt‘ nicht Möweneier essen,
Und wären’s auch Delikatessen,
Wenn ich dafür an steiler Küste
Halsbrecherisch rumkraxeln müsste.
Da bleib‘ ich lieber doch am Strand
Und hole mir ‘nen Sonnenbrand.

Ich könnte euch noch viel berichten
Von dem, worauf ich kann verzichten.
Ihr sagt, mir fehle es an Mut?
Ich leb‘ als Feigling auch ganz gut.
Von dem, was mancher Jäger Glück,
Halte ich vornehm mich zurück.

Des Jägers letzte Reise

Trete ich einst als Jägersmann
Die allerletzte Reise an,
So darf mich das fürwahr nicht schrecken,
Denn ich werd' drüben viel entdecken.

Als erstes, ja, das weiß ich schon,
Such' ich der Jäger Schutzpatron.
Und hab' Sankt Hubert ich gefunden,
Erwarten mich dort frohe Stunden.

Wir werden, das wird sich erweisen,
Durch herrliche Reviere reisen,
Um unter Eichen oder Buchen
So manche Göttin zu besuchen.

Die Artemis aus Griechenland
Zeigt uns an Wild dort allerhand,
Das in Olivenhainen weidet
Und gar nicht unter Jagddruck leidet.

Wie es die Göttlichen beschlossen,
Wird dort im Jenseits nicht geschossen.
Der Abschuss ist dort nicht gefragt,
Nur guter Anblick angesagt.

Die Waffen wären nicht vonnöten,
Denn niemand spürt dort Lust zu töten.
Und weil kein Mensch je Hunger hat,
Ist man auch ohne Wildbret satt.

Diana stellt sich dann dort ein
Und spricht mit uns perfekt Latein,
Was nun ein jeder Jägersmann
Noch besser als im Leben kann.

Wir haben in der Ewigkeit
Nun wirklich auch einmal viel Zeit.
Wir werden freundlich aufgenommen,
Sind endlich überall willkommen.

Auch Skadi, Göttin der Germanen,
Freut sich, dass lässt sich wohl erahnen,
Weil sie, das ist ihr gut bekannt,
Auf Erden kaum noch wird genannt.

Wenn dann beim Hosianna-Singen
Auch die Jagdhörner noch erklingen,
Erleiden Jäger nach dem Tod
Dort nirgends so etwas wie Not.

Drum sag' ich: Tritt ein Jägersmann
Einmal die letzte Reise an,
Soll er nicht zu viel Angst verspüren.
Sankt Hubert wird ihn sicher führen!

Ich wollt' ich wär' ein Murmeltier

Ich wollt' ich wär' ein Murmeltier,
Könnt' schlafend überwintern,
Und säß' im Januar nicht hier
Mit einem kalten Hintern.

Doch würd' ich's Murmelleben loben,
Wenn dann der Sommer käme?
Ich glaub', ich bliebe nicht da droben,
Denk', dass ich Abschied nähme.

Der Frieden ist dort nicht von Dauer
Und's Leben voll Gefahr.
Da ist der Adler auf der Lauer
Und Jäger Waldemar.

Die wollen an mein Murmelfett,
Weil sie's für heilsam halten.
Angeblich hilft es ja im Bett
Und gegen Sorgenfalten.

Ich wär' doch nicht gern Murmeltier,
Bleib' lieber Mensch im Tal,
Und selbst, wenn ich am Hintern frier',
Ist's mir dann auch egal.

Warum?

Als strammer Bursch und junger Bock
Sah schlanker Maid im kurzen Rock
Sepp gerne nach voll Wissbegier,
Wie das wohl wär‘ mit ihm und ihr.

Des öftern hat’s auch geklappt,
Doch manchmal hat er nur berappt,
Was die vom ihm so heiß begehrte
Im Restaurant dann bald verzehrte.

Wie’s ja so zugeht bei der Pirsch,
Trifft man nicht täglich seinen Hirsch.
Und selten blieben auch die Damen,
Die Sepp auf seinen Pirschpfad kamen.

Wie’s oft bestimmt uns die Natur,
Blieb’s auch beim Sepp bei einer nur!
Die lotste ihn in ’n Ehehafen,
Und er durft‘ nur mit ihr noch schlafen.

Zwar hat’s ihn immer noch gejuckt,
Er hat noch weiter gern geguckt
Nach Stöckelwild im kurzen Rock,
Doch bald wurd‘ er ein alter Bock.

Als später wurd‘ Sepps Frau gefragt,
Ob er denn noch zu gucken wagt,
Da sagt’ die: „Ja! Doch ist’s zu dumm!
Er weiß gar nimmer mehr warum!“

Sepps letzte Fragen

Der Pfarrer saß – an sich war's nett –
Beim Jäger Sepp am Sterbebett.
Sepp sagte dort dem Herrn Pastor:
„Wenn St. Hubertus mich am Tor
Vom Himmel dort nähm' in Empfang,
Würd' mir nicht schwer mein letzter Gang.

Doch hab' an meinen letzten Tagen
Ich immer noch so viele Fragen.
Gibt's droben nur die Harfenklänge
Und von den Engeln die Gesänge?
Oder trägt dort ein Bläserchor
Mir Jagdsignale auch mal vor?

Muss ich dort in der Sonne schwitzen?
Kann ich im kühlen Walde sitzen
Oder dort gehen auf die Pirsch
Auf Auerhahn und Sau und Hirsch?
Oder soll ich vor allen Dingen
Dort nur stets „Hosianna" singen?

Gibt's dort auch eine Gastwirtschaft,
Wo man die Maß stemmt voller Kraft?
Krieg' Haxen ich da auch mit Kraut
Wie bei der Wirtin Edeltraut,
Wo wir nach jedem Schüsseltreiben
So gerne bis zum Morgen bleiben?

Und was mir keine Ruhe lässt,
Gibt's da auch ein Oktoberfest,
Wo ich mit Franz und Waldemar
Und andern Jägern so gern war?
Und muss ich nach den Erdenqualen
Dort Maß und Hendl selbst bezahlen?

Gibt dort in seinem hohen Haus
Der Herrgott auch mal einen aus?
Gar einen Enzian zur Maß?
Das wäre noch ein echter Spaß!
Da blieb' ich gern ein Weilchen hocken
Und täten Weibsleut' noch so locken.

Zum Weiberl gäb's ja auch zu fragen:
Muss man sich mit dem eignen plagen?
Gibt's gar ein neues – engelsgleich –
Da droben in dem Himmelreich,
Das nicht so sehr schimpft auf die Jagd,
Wie das, mit dem man hier sich plagt?

Und ist man droben mal besoffen,
Kann man da wohl auf Gnade hoffen?
Wird man vom Weib, das ungezügelt,
Dort droben dann nicht mehr verprügelt
Und sitzt die Nacht mit Katzenjammer
Dort eingeschlossen in der Kammer?"

Der Pfarrer – Gott sei es geklagt –
Ist hiermit völlig überfragt.
Es trösten Sepp nicht dessen Worte

Und Sprüche altbekannter Sorte.
Da schimpft ihn Sepp: „Genau genommen,
Wärn S' besser gar nicht hergekommen!“

Pilze (Schwammerln)

Will unter Tannen, Eichen, Buchen
Ein Waidmann mal nach Pilzen suchen,
So darf er keinesfalls vergessen:
Manche kann man nur einmal essen!

Weihnachtszeit mit Tradition

Es kommt heran die Heil'ge Nacht.
Wo ist der Jäger um halb acht?
Wird er gar noch nach Wildbret schauen?
So manchem wär's fast zuzutrauen!

Doch viele, an die ich nun denke,
Warten auf typische Geschenke,
Auf grüne Hemden, grüne Socken!
Drum werden sie zu Hause hocken.

Sie sind nun nicht mehr auf der Pirsch,
Längst in der Truhe war der Hirsch,
Der heute dient als Festtagsbraten
Und wohl vorzüglich wird geraten.

Der Jäger ist nicht mehr im Wald,
weil nun das Christkind kommt ja bald.
Auch zog ein guter Rotwein ihn
An seinen häuslichen Kamin.

Die Kinder, oder mehr die Enkel,
Erklimmen unsres Jägers Schenkel
Und er erzählt von seiner Pirsch
Auf den genannten Festtagshirsch.

Er hat sich Zeit dafür genommen
Bis endlich kann das Christkind kommen,
Wo er wird unterm Christbaum hocken
Samt grünen Hemden, grünen Socken.

So geht es ihm in jedem Jahr.
Der Platz im Kleiderschrank wird rar.
Doch kennen wir das lange schon:
Bei Jägern herrscht stets Tradition.

Ich kenn' mich mit dem Jäger aus.
Am ersten Tag bleibt er zu Haus,
Was er am zweiten Weihnachtstag
Dann doch nicht mehr so gerne mag.

Am Nachmittag so um halb vier
Fährt er mal „ganz kurz“ ins Revier.
Er nimmt noch zwei Jagdfreunde mit,
Denn Skat spielt man ja stets zu dritt.

Und wenn man in der Hütte ist,
Wird dort kein Weihnachtsbaum vermisst.
Man hat schon vorgesorgt sehr klug,
Denn gegen 'n Durst gibt's auch genug.

Kein Jäger singt nun „Stille Nacht“,
Man drischt dort Skat, dass recht es kracht.
Auch Frauen wissen's lange schon:
Bei Jägern herrscht stets Tradition.

Und in der Zeit „zwischen den Jahren“
Hört nicht nur's wilde Heer man fahren.
Dann hat – ich seh', du weißt es schon –
Noch eine Treibjagd Tradition.

Du siehst die Jäger, die dort jagen
Die neuen grünen Hemden tragen,
Doch nicht zu sehn die neuen Socken
Tief in den Stiefeln, jetzt noch trocken.

Und bläst man heut' nun „Hahn in Ruh“,
Sind für dies' Jagdjahr „Hasen zu“.
Doch bleibt die Flinte nicht im Schrank.
Es gibt noch Füchse – Gott sei Dank!

Staub

Der Staub, zu dem ich einmal werde,
Im Sarge in geweihter Erde,
Der ruht zurzeit noch – Gott sei Dank –
Im Keller auf dem Waffenschrank

Mais, Mais, Mais!

„Was war das früher bei uns hier
Ein buntes Bild noch im Revier.
Da war noch Rindvieh auf der Weide,
Auf Äckern mancherlei Getreide,
Und zwischendrin die dichten Hecken.
Davon ist nichts mehr zu entdecken!

Das Vieh steht's ganze Jahr im Stall.
Nur noch der Mais wächst überall,
Und wo die hohen Pflanzen stehen,
Bekommt kein Wild man mehr zu sehen.
Vom Mais allein kann es nicht leben,
Da müsst es bessre Äsung geben!

Die Hasen fehlen im Revier
Und kaum Fasane sieht man hier!
Man kriegt im Jahr mit Müh und Not
So grad' noch ein, zwei Böcke tot,
Wenn die nicht rennen ins Verderben
Und ringsum auf den Straßen sterben."

Den alten Jäger hört man klagen,
Es mache kaum noch Spaß das Jagen,
Weil in der Jagd da sei ja nur
Bei ihm die Maismonokultur.
Und dies' Revier mit nichts wie Mais
Hätt' trotzdem noch 'nen hohen Preis.

Da sprach sein Jagdfreund aus dem Norden,
Als kundgetan ihm dies' geworden:
„Mit Mais, den du hier reichlich hast,
Da habe ich gar keine Last.
Bei uns wächst dafür nichts wie Raps.
Die Bauern haben wohl 'nen Klaps!"

Zwei Landwirte, die zugehört;
Riefen sogleich nun ganz empört:
„Lasst mit dem Schimpfen uns in Ruh'!
Beschwert Euch mal bei der EU!
Weil manche da nicht richtig ticken,
Gibt's hier bald nur Agrarfabriken!

Wir täten in der Landwirtschaft
Gern mehr für die Kulturlandschaft!"
Und dann so hab' ich es vernommen,
Sind sie an einen Tisch gekommen,
Wo man noch lange hat getagt
Und abwechselnd sein Leid geklagt.

Bauern und Jäger so vereint
Haben zusammen fast geweint.
Es machte ihnen große Qual
Dann extra noch das Wort „global“. –
Ob sie dann’s Bier vom Schmerz geheilt,
Wurd’ leider mir nicht mitgeteilt!

Der kleine Jäger Gernegroß

Der kleine Jäger Gernegroß
Der hatte ein Revier, das bloß
So grade maß an Hektar,
Was im Gesetz noch möglich war.

Darin auch eine Hütte stand,
Die quasi war gebaut auf Sand,
Denn irgendwo im Amtsgericht
Gab's die im Grundbuch sicher nicht.

Es wussten auch die nicht ganz Schlauen:
An dieser Stelle dürft' nur bauen,
Wer bei dem Amte von der Stadt
Genehmigung erhalten hat.

Doch die hätt's nie in seinem Leben
Für diesen Jäger hier gegeben.
Doch gut geht so was in der Welt,
Wenn jeder brav die Klappe hält.

Beim Gernegroß hat das geklappt,
Den hat bisher man nicht geschnappt,
Denn amtlich ist im weiten Land
Dies' Bauwerk nirgendwo bekannt.

Die Jagd hier, wie so mancher weiß,
besteht fast nur aus grünem Mais.
Der kann dem Wild zwar Deckung geben,
doch kaum ein Tier kann darin leben.

Vor vielen Jahren gab es hier
Noch große Weiden im Revier.
Da haben auf dem Hof die alten
Besitzer Kühe noch gehalten.

Auch Schweine lebten dort ganz froh
Im Stall und zwar auf weichem Stroh.
Doch wich die alte Hofgestaltung
Schon lange der Massentierhaltung.

Der neue Bauer sprach soeben:
So könnte man heut' nicht mehr leben!
Er kann davon sein Lied nun singen,
Dass nur noch Masse kann was bringen.

Doch Masse gibt's an Wild nicht mehr,
Denn das Revier ist quasi leer.
Der Gernegroß sieht das nicht ein.
Für ihn muss jährlich Treibjagd sein!

Dann hört man morgens vor dem Treiben
Ihn Tiere im Revier beschreiben,
Die man dort heute schießen kann.
Doch sieht die dann kein Jägersmann!

Und abends dann beim Strecke legen
Braucht niemand lange sich zu regen.
Ein Hahn liegt da im Fackelschein
Und auch ein Häschen – noch ganz klein!

Doch Gernegroß wird nun dort oben
Diana und Hubertus loben.
Von Hörnern klingt ein Halali.
Dann wird gesoffen, aber wie!

***

Der Gernegroß bleibt im Revier,
Weil er hat seine „Fluchtburg“ hier.
Er hat’s geerbt von einem Vetter,
Der dort gejagt bei Wind und Wetter.

Den hat einst sein Betrieb geschlaucht,
Drum hat er Ausgleich dort gebraucht.
Der Gernegroß durft’ in den Jahren
Den Alten durch die Gegend fahren.

Der kam dem Alten damals recht,
Mal als Chauffeur und mal als Knecht.
Den Gernegroß tat’s nicht verdrießen.
Die Hauptsach’ war, er konnte schießen.

Und später als „Revierfürst“ dann
Spielt’ Gernegroß den reichen Mann.
Doch holt’ er sich ’nen Partner rein.
Der musst’ der „Zahlmeister“ dort sein.

Es gibt ja immer noch die Leute,
Die gern fürs Hobby zahlen heute.
Und Gernegroßes Angetraute
Ganz streng auf die Finanzen schaute.

Und wenn sie nervte ihn dann nur,
Er schnell in seine Hütte fuhr.
Doch manchmal kam sie hinterher
Und macht' ihm dort das Leben schwer.

Dann ging es nicht nur um das Geld.
Sie hat ihm manchen Freund verprellt.
Wo dieses Weibsstück sich mischt ein,
Kann leider niemals Frieden sein!

Man sieht, wenn auch der Mann geht jagen,
Muss er noch Unbill oft ertragen.
Gar furchtbar ist ein böses Weib
Für Leut' mit diesem Zeitvertreib.

Den Gernegroß tut's arg verdrießen,
Dass er darf auf das Weib nicht schießen.
Drum hätte er ganz sicher gern
Die Hütte auf 'nem andern Stern!

Der Mensch, auf den die Feinde lauern,
Ist sicher täglich zu bedauern.
Doch wer sieht dieses Jägers Los,
Hat Mitleid auch mit Gernegroß!

Abendansitz

Wo Brachvogel und Kiebitz flogen
Und Lerchen steil zum Himmel zogen,
Wo vom Pirol der Ruf erklang,
Klingt kümmerlich nur noch Gesang.

Beim Bockansitz die Nachtigall
Erschrickt nicht mehr beim Büchsenknall.
Nur Amseln zetern noch empört,
Weil's Füchslein auf der Pirsch sie stört.

Wo Vogelsang uns einst beglückt,
Uns nun die Stille fast bedrückt.
Und nichts beendet unser Murren,
Selbst wenn noch mal die Tauber gurren.

Einst war die Luft an Tönen reich,
Und hörst du Enten auch vom Teich,
Fehlt dir das Froschkonzert dazu,
Das einst erklang dort ohne Ruh'!

Als Kind hat Opa dir erklärt,
Was sich da stets am Teiche jährt.
Er gab den Tieren ihren Namen,
Die alle dort zusammenkamen.

Stellt sich nun wohl Jungjäger Hein
Beim Ansitz seinen „Walkman" ein?
Spielt er sich übern Knopf im Ohr
Jetzt auf dem Hochsitz „Techno" vor?

Oder hält mancher Jäger schon
Dort ein drahtloses Telefon,
Weil er selbst spät bis in die Nacht
Noch immerzu Geschäfte macht?

Die „Alten“, so wird’s oft beschrieben,
Hätten „Romantik“ übertrieben.
Jedoch für viele wär’s ein Glück, käm’
etwas heut’ davon zurück!

Jäger Johanns Nachtgebet

Sankt Hubertus, hör mir zu,
Ich begeb’ mich nun zur Ruh.
Dazu wünsch’ ich, dass heut’ Nacht,
Mich ein Englein gut bewacht.

Dir hab’ ich noch aufzutragen,
Dass du sollst dem Englein sagen,
Es soll tunlichst dafür sorgen,
Dass mein Bock noch lebt am Morgen.

Ich will heuer ihn nicht schießen,
Doch es würd’ mich arg verdrießen,
Wenn’s mein böser Nachbar tut.
Ja, das brächte mich in Wut!

Dieser Sechser darf nicht sterben,
Denn er muss sich noch vererben.

Und die Böcklein um ihn her,
Taugen dafür nicht so sehr.

Doch der Nachbar vom Revier
Lauert ständig voller Gier,
Schielt auf meine besten Böcke
Mehr noch als auf Weiberröcke.

Er lässt gar nicht mit sich reden,
Schießt beharrlich stets auf jeden
Bock, der an der Grenze geht,
Wenn er's auch nicht eingesteht.

Ja, der Kerl tut sogar kund,
Ich sei ein gemeiner Hund,
Achtete auf kein Verbot
Und schöss seine Böcke tot.

Sankt Hubertus, hör mir zu,
Sowas lässt mir keine Ruh.
Ich hätt' doch so gern hienieden
Mit dem Nachbarn meinen Frieden.

Und damit's mich nicht verdrießt,
Mach, dass wenn er wieder schießt,
Er den Bock nicht treffen kann.
Sankt Hubertus, hör mich an!

Am Himmelstor

Wer hier in seinem Erdenleben
Dem Hobby Jagd sich hatt' ergeben,
Den quälte stets Bürokratie,
Denn ohne diese ging's ja nie.

Doch scheidet er dann mal von hinnen,
Kann er ihr dennoch nicht entrinnen.
Es quälen ihn mit ihren Taten
Wohl auch im Jenseits Bürokraten:

Kommt nämlich mal ein Jägersmann
Am Tor beim Heil'gen Petrus an,
Fühlt sich der Pförtner überfordert.
Sankt Hubert wird gleich herbeordert.

Der eilt dann – wirklich ungelogen –
Herbei mit einem Fragebogen,
Mit tausend Fragen insgesamt,
Der hier von den Beamten stammt.

Als die sich einst im Himmel trafen,
Entwarfen sie gleich Paragrafen,
Die Zulassungen regeln sollen,
Falls Jäger in den Himmel wollen.

Sankt Hubert war erst strikt dagegen,
Ihm kam so etwas ungelegen.
Doch gegen Paragrafenreiter
War nachzugeben wohl gescheiter!

Er hat ein Weilchen diskutiert,
Jedoch dann endlich wohl kapiert:
Es siegt der Paragrafenfimmel
Von den Beamten selbst im Himmel!

Und ist des Jägers Herz erkaltet,
Wird dennoch weiter er verwaltet.
- Beamte werden ständig droben
Für Pflichterfüllung sich selbst loben. –

Der Fragebogen – ein stets neuer –
Ersetzt da auch das Fegefeuer.
Das würd' den Jäger nicht so quälen.
Doch leider darf er hier nicht wählen.

Und auch ein himmlisches Gericht
Hilft ihm in diesem Falle nicht.
Und wollt' er 'n Weg zur Hölle wählen,
Würd' grausamer man dort ihn quälen.

Auch da sind ja bei den Verdammten
Als Satans Diener die Beamten.
Kurzum, du siehst, die Ewigkeit
Wär' nicht die wahre Seligkeit.

Erbitt', dass Hildegard von Bingen
Beamtenheilung mög' gelingen!
Dann kommen auch am Himmelstor
Die Fragebogen nicht mehr vor.

Dann kannst du ohne Paragraphen
Dort munter sein oder auch schlafen.
Doch, lieber Jäger, frag' nicht „Wann?"
Weil ich das noch nicht sagen kann!